北京联合出版公司
Beijing United Publishing Co.,Ltd.

目录

第四套 混战计

第五套 并战计

第六套 败战计

前　　言

《三十六计》是根据我国古代卓越的军事思想和丰富的战争经验总结而成的兵书，是我国古代文化宝库中晶莹璀璨的瑰宝之一。

“三十六计”一语最早见于《南齐书·王敬则传》：“……有告敬则者，敬则曰：‘檀公三十六策，走为上计，汝父子唯应急走耳’。”宋人惠洪《冷斋夜话》始有“三十六计，走为上计”语，至元代已经成为民间俗语，关汉卿《窦娥怨》中有“常言说得好：‘三十六计，走为上计’”。至明清时有心者搜集各种兵家常用计策，编纂成为《三十六计》。

现传《三十六计》较早版本系1941成都瑞琴楼发行、兴华印刷厂土纸翻印，封面书“三十六计”，旁注“秘本兵法”，篇首有一简短说明，说明原书是手抄本。未见作者或编者姓名。后此书被叔和（身份不详）所得，并于1961在《光明日报》上撰文对上述发现加以介绍，又将这土纸本赠给了中国人民解放军政治学院。此后无谷（姚炜）先生对这个孤本进行了整理译注，印刷成册，现今市面上流行的众多《三十六计》出版物皆源于此。该书将三十六计分为六套,每套有六计。其中前三套为处优势所用之计，后三套为处劣势所用之计。每一计均由计名、解语、按语三部分组成。解语主要点明本计要义、实施条件和办法；按语则是对计名和解语的阐释与发挥，多引宋以前的战例加以印证。

本书是根据无谷先生整理本而作的普及型读物，在原书基础上将体例扩充为计名、原文解语、注释、译文、计名探源以及用计案例六个部分。注释和译文助益读者对计名和原文解语的理解；“计名探源”，尽量追溯这一计策最初使用的情况，以及最初得到这一计名的时期；“用计案例”则多选中国古代使用相应计策的精彩实例，以便读者能够更直观更透彻地理解这些玄妙的计策。

本文成书过程中参考了众多前辈学者的注释和解读，并吸收了大量最新研究成果，谨在此表示感谢。

文轩

2012 年 10 月

第一套　胜战计

第一计 瞒天过海

备周则意怠[①]，常见则不疑[②]。

阴在阳之内[③]，不在阳之对[④]。太阳[⑤]，太阴。

注释

①备周则意怠：防备周密的情况下，人的意志就会松懈。备，准备、防备。周，周全。怠，松懈、怠慢。

②常见则不疑：对于常见的事物，人们往往不加怀疑。这两句是对人们心理习惯的分析。运权谋者必须善于抓住人的心理。

③阴、阳：这本是中国古代宇宙论的一对概念，两两相对以贯穿一切事物。在《三十六计》中，阳指公开，暴露；阴指机密，隐蔽，尤其指阴谋权术。

④阴在阳之内，不在阳之对：秘密乃在暴露之中，而不是在暴露的背面。因为前面说过，对于经常见到的事物人们往往不加注意，那么秘密藏在其中反而不被发觉，这样更易令人防不胜防，可见其权术之高明。

⑤太阳，太阴：极其暴露的，也就是极其隐秘的。太，极。

译文

防备周密的情况下，人的意志就会松懈。对于常见的事物，人们往往不怀疑其中有诈。秘密的阴谋就在公开的行为之中，而非与公开的行为相对立。很多情况下，至为暴露的，也就是至为隐秘的。

计名探源

事见《永乐大典·薛仁贵征辽事略》。唐太宗于贞观十七年御驾亲征，领三十万大军攻打高丽国以宁东土。

一日，浩荡大军东进，来到大海边上。唐太宗见眼前白浪排空，茫茫无穷，即向众将问及过海之计。众将面面相觑。

忽传一个近居海上之人请求见驾，并声称已独备三十万过海军粮。帝大喜，便率百官随此人来到海边。只见一条通道用彩幕遮围，十分严密。此人东向倒步引帝入室。室内皆是绣幔锦彩，茵褥铺地。百官入座，宴饮乐甚。

不久，风声四起，波响如雷，杯盏倾侧，人身动摇，良久不止。太宗惊警，忙令近臣揭开彩幕察看。不看则已，一看愕然，满目皆一片苍茫海水，横无际涯，哪里是在百姓家里做客，大军竟然已航行于大海之上了！原来此人是新招壮士薛仁贵假扮，这“瞒天过海”的计策就是他策划的。

“瞒天过海”用在兵法上，实属一种示假隐真的疑兵之计，通过战略伪装，以期达到出其不意的战斗效果。原意的“天”是指天子，在应用中含义转变，代指敌方。

用计案例

宋太祖赵匡胤使用此计，从而安定了天下。

北宋初年，宋太祖担心臣下兵权太重而不利于中央集权，故此，他总以宴饮之乐使将帅们陶醉。不少将帅大吃大喝的同时，又在积累个人财富。

宋太祖又担心将帅手中财货过多，对朝廷不利。他就赏给每个将帅一块地，让他们建私宅。私宅建成后，宋太祖又赐宴祝贺，再三劝酒，使得将帅们个个大醉，连家都回不去。于是，各家派一个儿子，接各自的父亲回家。宋太祖送至大门口，对将帅们的儿子说："你们的父亲都愿意献给朝廷十万缗钱。"

回到家，醉醒后，将帅们都问家人自己是如何回来的。各家儿子都将宋太祖说的话告诉了其父。将帅们都弄不明白自己是怎么说的了，但都如期向朝廷上缴了钱。

宋太祖运用了瞒天过海之计，既不伤体面，朝廷又得到了实惠，将帅们更无话可说。

此计重点在一"瞒"字。瞒，并非偷偷摸摸，而是以最公开最平常的行动使对方放松警惕，然后出其不意，攻其不备，夺取胜利。此计用得好不好，就看你"瞒"得如何。

第二计 围魏救赵

共敌不如分敌[①]，敌阳不如敌阴[②]。

注释

①共敌：使敌人集中，意图全部歼灭。

分敌：使敌人分散，从而各个击破。

②敌阳：正面攻打。敌阴：背面袭击。

译文

打集中之敌，不如用计迫使其分散，然后各个击破；

与其正面攻打，不如从其侧或绕其后，击其薄弱之处。

计名探源

事见《史记·孙子吴起列传》，是讲战国时期齐国与魏国的桂陵之战。

公元前354年，魏惠王欲释失中山的旧恨，便派大将庞涓前去攻打。这中山原本是东周时期魏国北邻的小国，被魏国收服，后来赵国乘魏国国丧之机将中山强占了。

魏将庞涓认为中山不过是弹丸之地，距离赵国又很近，不如直接攻打赵国都城邯郸，既解旧恨又一举两得。魏王从之，欣欣然似霸业从此开始。即拨五百战车，以庞涓为将，直奔赵国，围了赵国都城邯郸。赵王急难中只好求救于齐国，并许诺解围后以中山相赠。齐威王应允，令田忌为将，并起用从魏国救得的孙膑为军师，领兵出发。

这孙膑曾是庞涓的同学，对用兵之法谙熟精通。魏王曾用重金将他聘得。当时庞涓也正辅助魏国。庞涓自觉能力不及孙膑，恐其贤于自己，遂以毒刑将孙膑致残，断孙两足并在他脸上刺字，企图使孙膑不能行走，又羞于见人。后来孙膑装疯，幸得齐使者救助，逃到齐国。这是一段关于庞涓与孙膑的旧事。

且说田忌与孙膑率兵进入魏赵交界之地时，田忌想直逼赵都邯郸。孙膑制止说："解乱丝结绳，不可以握拳去打；排解争斗，不能参与搏击。平息纠纷要抓住要害，乘虚取势，双方因受到制约才能自然分开。现在魏国精兵倾国而出，若我直攻魏国，那庞涓必回师解救，这样一来邯郸之围定会自解。我们再于中途伏击庞涓，其军必败。"田忌依计而行。果然，魏军离开邯郸，归途中又遭伏击，与齐军战于桂陵。魏军长途跋涉后已很疲惫，溃不成军。庞涓勉强收拾残部，退回大梁。齐师大胜，赵国之围遂解。这便是历史上有名的"围魏救赵"。

又后十三年，齐魏之军再度相交于战场，庞涓复又遭到孙膑的伏击，自知智穷兵败，遂自刎。孙膑从此名扬天下，世传其兵法。

用计案例

公元1860年，清军派和春领兵数十万进攻太平天国都城天京（今南京），将天京城围得水泄不通。天王洪秀全召集众将商议。忠王李秀成献计："如今敌众我寡，硬拼只会凶多吉少。请拨我两万人马，乘夜突围，去偷袭敌军屯粮之地杭州，敌人定会分兵去救，天王可乘此机突围，我也回师，形成两面夹击之势，天京之围可解。”英王陈玉成对此计深表赞同，表示也愿带一支人马协同忠王作战。洪秀全批准了这个计划。

这年正月初二，正值春节，清军仗着人多，又加上围城已久，略有懈怠。午夜时分，李秀成、陈玉成各率一支人马，从东南角敌方薄弱处突围。清将和春见只是小部队逃窜，也没去追。

二王突围后，李秀成奔杭州，陈玉成奔湖州（浙江）。李秀成来到杭州城下，急令士兵攻城，但却被击退。原来，杭州乃清军粮草基地，城内有万余人把守，戒备森严。他们见太平军人少，于是只坚守城中，并不出击。三天三夜过去了，李秀成焦急万分。

此时，天忽降大雨，清军见他们久攻不下，兵力又少，于是稍有松懈，躲进城堡避雨。李秀成乘着雨夜，派一千勇士，登云梯偷上城墙。等清兵发现，城门已大开。李秀成率部冲入城中，攻下杭州。

为吸引围攻天京的清军，李秀成下令焚烧粮草。和春闻讯，知道杭州失守，断了军中供给，急令副将张玉良率兵十万，火速去救杭州。

洪秀全见清军正在调动，知道计策成功，于是下令全线出击。此时李秀成与陈玉成会合，绕道而行，机智地避开了赶回杭州的张玉良大军，回师天京，与洪秀全城内城外对清军形成夹击之势，使清军阵势大乱，死伤六万多人，一败涂地。

清军惨败，天京之围被解。清军元气大伤，短时间里已无力再攻打天京了。

此计重点在一“追”字。一拳出手，必须击中对方软肋。软肋所护之处正是人体最重要部分，他不得不分散手脚与注意力加以自保。所以此计用得好不好，就看你这一拳点得准不准。

第三计 借刀杀人

敌已明[①]，友未定[②]，引友杀敌，不自出力，以损推演[③]。

注释

①敌已明：敌人是谁已经明了。

②友未定：友方是谁、其态度如何尚未确定。

③损：六十四卦中的损卦，见《易经》。

译文

敌人已经明确，而盟友的态度仍在犹豫中。此时应设法诱使盟友去攻打敌人，使其态度立即明朗化，矛盾的焦点就转移了。在这场争斗中，自己可以不出力或少出力。

计名探源

借刀杀人，是为了保存自己的实力而巧妙地利用矛盾的谋略。当敌方动向已明，就千方百计诱导态度暧昧的友方迅速出兵攻击敌方，自己的主力即可避免遭受损失。

此计是根据《周易》六十四卦中的损卦推演而得。彖曰："损下益上，其通上行。"此卦认为，"损""益"不可截然划分，二者相辅相成；盟友在做出牺牲的同时，也得了利益，其中充满辩证思想。此计谓借人之力攻击我方之敌，我方虽不可避免有小的损失，但可稳操胜券，大大得利。

此计的内容早在春秋战国的史书中已有，而“借刀杀人”一语是出于明代戏剧《三祝计》。此剧是说北宋时期，范仲淹的政敌密谋，让从未打过仗的范仲淹任军队统帅讨伐西夏，用西夏人的刀杀他。戏中一句：“这所谓借刀杀人，又显得恩相以德报怨，此计如何？”

用计案例

春秋末期，齐简公派国书为大将，兴兵伐鲁。鲁国实力不敌齐国，形势危急。孔子的弟子子贡分析形势，认为唯吴国可与齐国抗衡，可借吴国兵力挫败齐国军队。于是子贡前往游说齐相田常。

田常当时蓄谋篡位，急欲铲除异己。子贡以“忧在外者攻其弱，忧在内者攻其强”的道理，劝他莫让异己在攻弱鲁中占据主动，扩大势力，而应攻打吴国，借强国之手铲除异己。田常心动，但因齐国已作好攻鲁的部署，转而攻吴，怕师出无名。子贡说：“这事好办。我马上去劝说吴国救鲁伐齐，这不是就有了攻吴的理由了吗？”田常高兴地同意了。

子贡赶到吴国，对吴王夫差说：“如果齐国攻下鲁国，势力强大，必将伐吴。大王不如先下手为强，联鲁攻齐，吴国不就可抗衡强晋，成就霸业了吗？”子贡马不停蹄，又说服越国，派兵随吴伐齐，解决了吴王的后顾之忧。

子贡游说三国，达到了预期目的。他又想到吴国战胜齐国之后，定会要挟鲁国，鲁国不能真正解危。于是他偷偷跑到晋国，向晋定公陈述利害关系：吴国伐鲁成功，必定转而攻晋，争霸中原。劝晋国加紧备战，以防吴国进犯。

公元前484年，吴王夫差亲自挂帅，率十万精兵及三千越兵攻打齐国。鲁国立即派兵助战。齐军中吴军诱敌之计，陷于重围。齐师大败，主帅国书及几员大将死于乱军之中。齐国只得请罪求和。

夫差大获全胜之后，骄狂自傲，立即移师攻打晋国。晋国因早有准备，击退吴军。子贡充分利用齐、吴、越、晋四国的矛盾，巧妙周旋，借吴国之“刀”击败齐国；借晋国之“刀”灭了吴国的威风。鲁国损失微小，却能从危难中得以解脱。

此计的重点在一“借”字。借是有条件的，或阐明利害，或许以重利。借刀之外还要借手，使这只手尽快地动起来。他人矛头相对，你才可以脱身。

第四计 以逸待劳

困敌之势①，不以战；损刚益柔②。

注释

①困敌之势：困住敌人的势头，拖困敌方的势力。

②损刚益柔：敌方强大的力量劳之使减损，我方柔弱的力量逸之使增强。损、益，减损与增强。刚、柔，刚强与柔弱。依照道术观察，刚者虽强而不能持久，而柔者虽弱而能持久。所以老子说："柔弱胜刚强。"

译文

要使敌方处于困窘的局面，不一定非用强攻硬打的方式，可以以拖延时间的方法，挫其锐气，使其疲惫懈怠，而自己在此期间休养生息，由劣势转为优势。

计名探源

以逸待劳，语出《孙子·军争篇》："故三军可夺气，将军可夺心。是故朝气锐，昼气惰，暮气归。故善用兵者，避其锐气，击其惰归，此治气者也。以治待乱，以静待哗，此治心者也。以近待远，以佚（同逸）待劳，以饱待饥，此治力者也。"又，《孙子·虚实篇》："凡先处战地而待敌者佚（同逸），后处战地而趋战者劳。故善战者，致人而不致于人。"原意是说，凡是先到战场而等待敌人的，就从容、主动，后到达战场的只能仓促应战，一定会疲劳、被动。所以，善于指挥作战的人，总是调动敌人，而决不会被敌人调动。

用计案例

战国末期，秦国少年将军李信率二十万军队攻打楚国。开始时，秦军连克数城，锐不可当。不久，李信中了楚将项燕的伏兵之计，丢盔弃甲，狼狈而逃，秦军损失数万。后来，秦王又起用已告老还乡的王翦。王翦率六十万军队，陈兵于楚国边境。楚军立即发重兵抗敌。两军对垒，战争一触即发。老将王翦毫无进攻之意，只是专心修筑城池，摆出一副坚壁固守的姿态。

王翦在军中鼓励将士养精蓄锐，吃饱喝足，休养生息。秦军将士人人身强力壮，精力充沛，平时操练，技艺精进，王翦心中十分高兴。一年后，楚军绷紧的弦早已松懈，将士已无斗志，认为秦军的确只想防守自保，于是决定东撤。王翦见时机已到，下令追击正在撤退的楚军。秦军将士人人如猛虎下山，只杀得楚军溃不成军。秦军乘胜追击，势不可挡。公元前223年，秦灭楚。

此计强调，让敌方处于困难局面，不一定只用进攻之法。关键在于掌握主动权，待机而动，以不变应万变，以静待动，创造战机，积极调动敌人，不让敌人调动自己，而要努力牵着敌人的鼻子走。所以，不可把以逸待劳的"待"字理解为消极被动地等待。

第五计 趁火打劫

敌之害大[①]，就势取利[②]，刚决柔也[③]。

注释

①害：弊病，指敌人所遭遇到的困难，危厄的处境。

②就势取利：凭着自己的优势从敌人那里获利。

③刚决柔也：语出《易经》央卦，其象辞说："央，决也。刚决柔也。"决，冲垮。以刚决柔，那是轻而易举的事情，何乐而不为呢？这里以"刚"喻己，以"柔"喻敌，言乘敌之危，就势而取胜。

译文

当敌对方内部混乱，危难深重之时，要抓住这一有利形势，或抢占它的土地，或掠夺它的百姓，或吞并它的国家，获取利益。这是强者决定弱者命运的时刻，要坚决果断，不可坐失良机。

计名探源

趁火打劫的原意是：趁人家家里失火，一片混乱，无暇自顾的时候，去抢人家的财物。乘人之危捞一把，这可是不道德的行为。此计用在军事上指的是：当敌方遇到麻烦或危难的时候，就要乘此机会进兵出击，制服对手。《孙子·始计篇》云：“乱而取之。”唐朝杜牧解释孙子此句说：“敌有昏乱，可以乘而取之。”讲的就是这个道理。

“趁火打劫”一语出自明代吴承恩小说《西游记》。唐僧西天取经路宿一庙，庙中方丈想贪占唐僧袈裟，半夜火烧禅堂，想将他们师徒烧死。火光惊动黑风洞妖怪，本想帮助救火，但一见袈裟是佛门宝物，救火之意顿失，趁火打劫，拿起袈裟，径自回了黑风洞。

用计案例

春秋时期，吴国和越国争霸，战事频仍。经过长期战争，越国终因不敌吴国，只得俯首称臣。越王勾践被扣在吴国，失去行动自由。勾践立志复国，对吴王夫差百般逢迎，终于骗得夫差的信任，被放回越国。

回国之后，勾践依然臣服吴国，年年进献财宝，麻痹夫差。而在国内则采取了一系列富国强兵的措施。越国几年后实力大大加强，人丁兴旺，物资丰足，人心稳定。吴王夫差却被胜利冲昏了头脑，被勾践的假象迷惑，不把越国放在眼里。他骄纵凶残，拒绝纳谏，杀了一代名将忠臣伍子胥，重用奸臣，堵塞言路，生活淫糜奢侈，大兴土木，搞得民穷财尽。

公元前473年，吴国颗粒不收，民怨沸腾。越王勾践选中吴王夫差北上和中原诸侯在黄池会盟的时机，大举进兵吴国。吴国国内空虚，无力还击，很快就被越国击破灭亡。

勾践的胜利，正是乘敌之危就势取胜的典型战例。

此计的关键一字是“趁”字，时间短暂，必须手疾眼快，不然等对方回过神来，你就坐失了良机。还要坚决，也许在你犹豫的一刹，还会有另一只手伸来。

第六计 声东击西

敌志乱萃[①]，不虞[②]，坤下兑上之象[③]，利其不自主而取之[④]。

注释

①乱萃：语出《易经》萃卦，其象辞云："乃乱乃萃，其志乱也。"萃，通"悴"，即憔悴。这是说敌人情志混乱而且憔悴。

②不虞：意料不到。

③坤下兑上：在《易经》中，坤和兑属于基础八卦中的两卦，两卦叠加便成了萃卦。下卦为坤，坤为地；上卦为兑，兑为泽。表示有泽水淹及大地，即洪水横流之象。

④利其不自主而取之：在他不由自主的情况下从中取利。

译文

当敌人不能作出正确判断，不能应付突发状况，全军乱成一团的时候，如卦书形容的洪水泛滥成灾，天下一片混乱一样，要利用其一时还不能自主把握方向，正溃不成军的这一有利时机，发起猛攻歼灭之。

计名探源

声东击西，是忽东忽西，即打即离，制造假象，引诱敌人作出错误判断，然后乘机歼敌的策略。为使敌方的指挥发生混乱。必须采用灵活机动的行动，本不打算进攻甲地，却佯装进攻；本来决定进攻乙地，却不显出任何进攻的迹象。似可为而不为，似不可为而为之。敌方就无法推知我方意图，被假象迷惑，作出错误判断。

此计之名出自唐代杜佑所纂《通典・兵六》一章："声言击东,其实击西。"《淮南子·兵略训》也早有"将欲西而示之以东"作为重要的用兵之道。

用计案例

东汉时期，班超出使西域，目的是团结西域诸国共同对抗匈奴。为了使西域诸国便于共同对抗匈奴，必须先打通南北通道。地处大漠西缘的莎车国，煽动周边小国，归附匈奴，反对汉朝。班超决定首先平定莎车。莎车国王遂向龟兹求援。龟兹王亲率五万人马，援救莎车。班超联合于阗等国，兵力只有二万五千人。敌众我寡，难以力克，必须智取。班超遂定下声东击西之计，迷惑敌人。他派人在军中散布对班超的不满言论，制造打不赢龟兹，准备撤退的迹象，并且特别让莎车俘虏听得一清二楚。

这天黄昏，班超命于阗大军向东撤退，自己率部向西撤退，表面上显得慌乱，故意让俘虏趁机脱逃。俘虏逃回莎车营中，急忙报告汉军慌忙撤退的消息。龟兹王大喜，误以为班超惧怕自己而慌忙逃窜，想趁此机会追杀班超。他立刻下令兵分两路，追击逃敌。他亲率一万精兵向西追杀班超。班超胸有成竹，趁夜幕笼罩大漠，撤退仅十里地，即命令部队就地隐蔽。龟兹王求胜心切，率领追兵从班超隐蔽处飞驰而过。班超立即集合部队，与事先约定的东路于阗人马，迅速回师，杀向莎车。

班超的部队如从天降，莎车猝不及防，迅速瓦解。莎车王惊魂未定，逃走不及，只得请降。龟兹王气势汹汹，追赶一夜，未见班超部队踪影，又听到莎车已被平定，人马伤亡惨重，大势已去的报告，只得收拾残部，悻悻然返回龟兹。

此计的关键在于东西两面配合默契。“声东”，东边必须装得像，只有像，才能使敌方迷惑，作不出正确判断而发昏；“击西”，西边必须做到绝对机密，只有机密，才能产生出其不意的效果，措手不及才会生乱。“像”与“机密”缺一不可，不然，反会使自己陷于被动和危险之地。

第二套　敌战计

第七计 无中生有

诳也[1]，非诳也，实其所诳也[2]。少阴、太阴、太阳[3]。

注释

①诳：欺诈，诳骗。

②实其所诳：使他的谎言成为真的。这里“实”是动词。实与诳相对，但又必需混合在一起才能起作用否则若一味地虚诳，那么人们就会知道它的反面是真的了。所以运谋之道，虚则实之，实则虚之。

③少阴、太阴、太阳：这里的“阴”指假象，“阳”指真相。句意为：用大大小小的假象去掩护真相。

译文

用假象迷惑敌人，但又不是始终作假，先是用小假象，继而用大假象，最后突然现出真相。

计名探源

这条计策的名称出自老子《道德经》第四十章：“天下万物生于有，有生于无。”老子揭示的是万物之间有与无的相互依存，相互变化的规律。

无中生有运用在军事上，这个“无”，指的是“假”，是“虚”。这个“有”，指的是“真”，是“实”。无中生有，就是真真假假，虚虚实实，真中有假，假中有真，虚实互变，扰乱敌人，使敌方造成判断失误，行动失误。

此计可分解为三部曲：第一步，示敌以假，让敌人误以为真；第二步，让敌方识破我方之假，掉以轻心；第三步，我方变假为真，让敌方仍误以为假。这样，敌方思想已被扰乱，主动权就被我方掌握。

使用此计有两点应予注意：第一，敌方指挥官性格多疑过于谨慎的，此计特易奏效。第二，要抓住敌方思想已经迷惑不解之机，迅速变虚为实，变假为真，变无为有，出其不意地攻击敌方。

用计案例

唐朝安史之乱时，许多地方官吏纷纷投靠安禄山、史思明。唐将张巡忠于唐室，不肯投敌。他率领两三千人的军队守孤城雍丘（今河南杞县）。安禄山派降将令狐潮率四万人马围攻雍丘城。敌众我寡，张巡虽取得几次突然出城袭击的小胜，但无奈城中箭矢越来越少，赶造不及。没有箭矢，很难抵挡敌军攻城。

张巡想起三国时诸葛亮草船借箭的故事，心生一计。急命军中搜集秸草，扎成千余个草人，将草人披上黑衣，夜晚用绳子慢慢往城下吊。夜幕之中，令狐潮以为张巡又要乘夜出兵偷袭，急命部队万箭齐发，急如骤雨。张巡轻而易举获敌箭数十万支。令狐潮天明后，知道中计，气急败坏，后悔不迭。

第二天夜晚，张巡又从城上往下吊草人。贼众见状，哈哈大笑。张巡见敌人已被麻痹，就迅速吊下五百名勇士，敌兵仍不在意。五百勇士在夜幕掩护下，迅速潜入敌营，打得令狐潮措手不及，营中大乱。张巡乘此机会，率部冲出城来，杀得令狐潮大败而逃，损兵折将，只得退守陈留（今开封东南）。张巡巧用无中生有之计保住了雍丘城。

第八计 暗度陈仓

示之以动①，利其静而有主，“益动而巽②”。

注释

①示：给人看。动：此指军事上的正面佯攻佯动迷惑敌方的军事行动。

②益动而巽xùn：语出《易经》益卦。其象辞说：“益动而巽，日进无疆。”益是卦名，下卦为震，震为雷；上卦为巽，巽为风。意即风雷激荡，其势愈增，故卦名为益，与损卦互相对立。

译文

故意暴露佯装进攻的行动，诱使敌人集结固守，然后迂回到敌人的背后突然袭击。

计名探源

暗度陈仓，意思是采取正面佯攻，当敌军被我牵制而集结固守时，我军悄悄派出一支部队迂回到敌后，乘虚而入，进行决定性的突袭。

此计与声东击西计有相似之处，都有迷惑人、隐蔽进攻的作用。二者的不同处是：声东击西，隐蔽的是攻击点；暗度陈仓，隐蔽的是攻击路线。

此计是汉大将军韩信创造。“明修栈道，暗度陈仓”是古代战争史上的著名成功战例。

用计案例

秦朝末年，政治腐败，群雄并起，纷纷反秦。刘邦的部队首先进入关中，攻进咸阳。势力强大的项羽进入关中后，逼迫刘邦退出关中。鸿门宴上，刘邦险些丧命。刘邦此次脱险后，只得率部退驻汉中。为了麻痹项羽，刘邦退走时，将汉中通往关中的栈道全部烧毁，表示不再返回关中。

其实刘邦一天也没有忘记一定要击败项羽，夺得天下。公元前 206 年，已逐步强大起来的刘邦，派大将军韩信出兵东征。出征之前，韩信派了许多士兵去修复已被烧毁的栈道，摆出要从原路杀回的架势。关中守军闻讯，密切注视修复栈道的进展情况，并派主力部队在这条路线各个关口要塞加紧防范，阻止汉军进攻。

韩信“明修栈道”的行动，果然奏效。由于他吸引了敌军的注意力，敌军的主力调至栈道一线。于是韩信立即派大军绕道到陈仓（今陕西宝鸡县东）发动突然袭击，一举打败章邯，平定三秦，为刘邦统一中原迈出了决定性的一步。

第九计 隔岸观火

阳乖序乱[①]，阴以待逆[②]。

暴戾恣睢[③]，其势自毙[④]。顺以动豫，豫顺以动[⑤]。

注释

①阳乖序乱：阳，指公开的。乖，违背，不协调。此指敌方内部矛盾激化，以致公开地表现出多方面秩序混乱倾轧。

②阴以待逆：阴，暗地里。逆，叛逆。此指暗中静观其变，坐待敌方局面进一步恶化。

③暴戾lì恣睢suī：暴戾，凶恶，残暴。恣睢，任意胡为，形容凶残横暴，想怎么干就怎么干。

④其势自毙：它势必自取灭亡。

⑤顺以动豫，豫顺以动：语出《易经》豫卦。其彖辞说："豫，刚应而志行，顺以动。"豫是卦名，下卦为坤，坤为地；上卦为震，震为雷。是雷生于地，雷从地底而出，突破地面，在空中自在飞腾。卦意是顺时而动。正因为豫卦之意是顺时而动，所以天地就能随和其意，做事就顺当自然。

译文

当敌方内部产生了矛盾，进行争斗，秩序混乱时，我方应静观其变。对方的两相争斗，必会引致两败俱伤或自取其灭亡。此时，我方应顺应对方的变化，相机行事，必能取得最佳效果。

计名探源

隔岸观火，就是“坐山观虎斗”，“黄鹤楼上看翻船”。敌方内部分裂，矛盾激化，相互倾轧，势不两立，这时切不可操之过急，免得反而促成他们暂时联手对付你。正确的方法是静止不动，让他们互相残杀，力量削弱，甚至自行瓦解。这条计策的名称最初见于唐代僧人乾康的诗：“隔岸红尘忙似火，当轩青嶂冷如冰。”这是从僧人角度看待僧俗之间的差别。而把它引入军事战略中，这种思想早已有之，《战国策·燕策二》“鹬蚌相争，渔翁得利”的故事就是其一见证。

用计案例

东汉末年，袁绍兵败身亡，几个儿子为争夺权力互相争斗。曹操决定击败袁氏残余。袁尚、袁熙兄弟投奔乌桓。曹操进兵击败了乌桓，袁氏兄弟又去投奔辽东太守公孙康。曹营诸将向曹操进言，要一鼓作气，平定辽东，捉拿二袁。曹操哈哈大笑说，你等勿动，公孙康自会将二袁的头送上门来的。于是下令班师，转回许昌，静观辽东局势。

公孙康听说二袁来降，心有疑虑。袁家父子一向都有夺取辽东的野心，现在二袁兵败，如丧家之犬，无处存身，投奔辽东实为迫不得已。公孙康如收留二袁，必有后患。再者，收容二袁，肯定会得罪势力强大的曹操。但他又考虑，如果曹操进攻辽东，只得收留二袁，共同抵御曹军。当他探听到曹操已经转回许昌，并无进攻辽东之意时，认为收容二袁有害无益。于是预设伏兵，召见二袁，一举擒拿，割下首级，派人送到曹操营中。

曹操笑着对众将说："公孙康向来惧怕袁氏吞并他，二袁上门，他必定猜疑。如果我们急于用兵，反会促成他们合力抗拒。我们退兵，他们肯定会自相火并。看看结果，果然不出我所料。"

此计的关键在一"火"字。首先是掌握"火候"。火候不到，你一出面，使对方两家找到一个共同的切合点，双方罢手，共同来找你撒气。火候一过，对方已进行了重新整理，再去攻打就不容易了。其次是要有"火"可观方才有趣。因此，必要时还要去主动点火，火小时将它煽成大火，密切关注火势，但决不可引火烧身。

第十计 笑里藏刀

信而安之[①]，阴以图之[②]；备而后动[③]，勿使有变。刚中柔外也[④]。

注释

①信：使信。②图：谋取。③备：做好准备。
④刚中外柔：表面柔顺，实质强硬尖利。

译文

要让对方相信我方是友好善意的，使其安下心来，不加戒备，而暗中我方却另有图谋。一切准备做好之后，要立即动手，使敌方就范，不使其有任何改变的措施。这是表面上装得极顺和，骨子里却极强硬的计谋。

计名探源

笑里藏刀，原意是指那种口蜜腹剑，两面三刀，“口里喊哥哥，手里摸家伙”的做法。此计用在军事上，是运用政治外交上的伪善手段，欺骗麻痹对方，来掩盖己方的军事行动。这是一种表面友善而暗藏杀机的谋略。

“笑里藏刀”是由“笑中刀”引申而来的。《新唐书·李义府传》中说，唐高宗时，奸臣李义府阿谀奉承，取得了皇帝的信任，窃取了大权。李义府这个人，表面上对人温柔和善，说话带着笑容，内心却阴险奸诈，对于不满意他的人，就进行打击陷害。后来人们识破了他的假象，就叫他“笑中刀”。

用计案例

战国时期，秦国为了对外扩张，夺取地势险要的黄河崤山一带，派公孙鞅为大将，率兵攻打魏国。公孙鞅大军直抵魏国吴城城下。这吴城原是魏国名将吴起苦心经营之地，地势险要，工事坚固，正面进攻很难奏效。

公孙鞅苦苦思索攻城之计。他探到魏国守将是与自己曾经有过交往的公子，心中大喜。他马上修书一封，主动与公子套近乎。信中说，虽然我们俩现在各为其主，但考虑到我们过去的交情，还是两国罢兵，订立和约为好。念旧之情，溢于言表。他还建议约定时间会谈议和大事。信送出后，公孙鞅还摆出主动撤兵的姿态，命令秦军前锋立即撤回。公子看罢来信，又见秦军退兵，非常高兴，马上回信约定会谈日期。公孙鞅见公子已钻入了圈套，暗地在会谈之地设下埋伏。

会谈那天，公子带了三百名随从到达约定地点，见公孙鞅带的随从更少，而且全部没带兵器，更加相信对方的诚意。会谈气氛十分融洽，两人重叙昔日友情，表达双方交好的诚意。公孙鞅还摆宴席款待公子。公子兴冲冲入席，还未坐定，忽听一声号令，伏兵从四面包围过来。公子和三百随从反应不及，全部被擒。公孙鞅利用被俘的随从，赚开吴城城门，占领吴城。魏国只得割让河西一带，向秦求和。秦国用公孙鞅笑里藏刀之计轻取崤山一带。

此计的关键一字，在“笑”。笑，要笑得自然，要找出笑的理由，还要笑得顺和诚恳，使对方深信不疑；而插刀却要快，在笑声还未结束时，刀已进去，对方已无力还手。

第十一计 李代桃僵

势必有损，损阴以益阳①。

注释

①损阴以益阳：阴，此指某些细微的局部的事物。阳，此指事物带整体意义的全局性的事物。这是说在军事谋略上，如果暂时要以某种损失为代价才能最终取胜，指挥者应当机立断，作出某些局部暂时的牺牲，去保全或者争取全局的、整体性的胜利。

译文

当事态发展到损失已不可避免时，要舍弃局部利益，来保全大局或使大局增益。

计名探源

李代桃僵中的僵，是仆倒的意思。此计语出《乐府诗集·鸡鸣篇》："桃生露井上，李树生桃旁。虫来啮桃根，李树代桃僵。树木身相代，兄弟还相忘？"本意是指兄弟要像桃李共患难一样相互帮助，相互友爱。此计用在军事上，指在敌我双方势均力敌，或者敌优我劣的情况下，用小代价换取大胜利的谋略。很像在象棋比赛中"舍车保帅"的战术。

用计案例

战国后期，赵国北部经常受到匈奴襜 chān 褴 lán 国及东胡、林胡等部骚扰，边境不宁。赵王派大将李牧镇守北部门户雁门。李牧上任后，日日杀牛宰羊，犒赏将士，只许坚壁自守，不许与敌交锋。匈奴摸不清底细，也不敢贸然进犯。

李牧加紧训练部队，养精蓄锐，几年后，兵强马壮，士气高昂。公元前 250 年，李牧准备出击匈奴。他派少数士兵保护边塞百姓出去放牧。匈奴人见状，派出小股骑兵前去劫掠。李牧的士兵与敌骑交手，假装败退，丢下一些人和牲畜。匈奴人占得便宜，得胜而归。

匈奴单于心想，李牧从来不敢出城征战，果然是一个不堪一击的胆小之徒。于是亲率大车直逼雁门。李牧早料到骄兵之计已经奏效，于是严阵以待，兵分三路，给匈奴单于准备了一个大口袋。匈奴军轻敌冒进，被李牧分割成几处，逐个围歼。单于兵败，落荒而逃，襜褴国灭亡。李牧用小小的损失，换得了全局的胜利。

此计的关键一字是“代”。首先是“李”能代“桃”，即李、桃之间有内在的必然联系，不然，既使牺牲了李，也代不了桃。其次，必须分清桃与李的轻重，不然，效果就适得其反。

第十二计 顺手牵羊

微隙在所必乘[①]，微利在所必得。少阴[②]，少阳[③]。

注释

①微隙：微小的空隙，指敌方的某些漏洞，疏忽。

②少阴：这里指敌方小的疏漏。

③少阳：这里指我方小的得利。

译文

敌人出现微小的漏洞也必须及时加以利用，发现微小的利益，也争取到手，为胜利服务。

计名探源

“顺手牵羊”是一种形象的说法，在关汉卿元剧《尉迟恭单鞭夺槊》台词中就出现过。《水浒传》第九十九回中也有：“一个胖大和尚，劈面抢来，把马灵一禅杖打翻，顺手牵羊，早把马灵擒住。”顺手牵羊作为一种谋略应用在军事上，《草庐经略·游兵》中“伺敌之隙，乘间取胜”就是这个意思。

顺手牵羊是看准敌方在移动中出现的漏洞，抓住薄弱点，乘虚而入获取胜利的谋略。古人云：“善战者，见利不失，遇时不疑。”意思是要捕捉战机，乘隙争利。当然，小利是否应该必得，这要考虑全局。只要不会“因小失大”，小胜的机会也不应该放过。

用计案例一

公元383年，前秦统一了黄河流域，势力强大。前秦王苻坚坐镇项城，调集九十万大军，打算一举歼灭东晋。他派其弟苻融为先锋攻下寿阳，初战告捷。苻融判断东晋兵力不多并且严重缺粮，建议苻坚迅速进攻东晋。苻坚闻讯，不等大军齐集，立即率几千骑兵赶到寿阳。

东晋将领谢石得知前秦百万大军尚未齐集，决定抓住时机，击败敌方前锋，挫敌锐气。谢石先派勇将刘牢之率精兵五万，强渡洛涧，杀了前秦守将梁成。刘牢之乘胜追击，重创前秦军。谢石率师渡过洛涧，顺淮河而上，抵达淝水一线，驻扎在八公山边，与驻扎在寿阳的前秦军隔岸对峙。

苻坚见东晋阵势严整，立即命令坚守河岸，等待后续部队。谢石感到机会难得，只能速战速决。于是，他决定用激将法激怒骄狂的苻坚。他派人送去一信，说道："我要与你决一雌雄，如果你不敢决战，还是趁早投降为好。如果你有胆量与我决战，你就暂退一箭之地，让我渡河与你比个输赢。"苻坚大怒，决定暂退一箭之地，等东晋部队渡到河中间，再回兵出击，将晋兵全歼水中。他哪里料到此时秦军士气低落，撤军令下，顿时大乱。秦兵争先恐后，人马冲撞，乱成一团，哀声四起。这时指挥已经失灵，几次下令停止退却，但如潮水般撤退的人马已成溃败之势。这时谢石指挥东晋兵马，迅速渡河，乘敌大乱之际，奋力追杀。前秦先锋苻融被东晋军在乱军中杀死，苻坚也中箭受伤，慌忙逃回洛阳。前秦大败。

淝水之战，东晋军抓住战机，乘虚取胜，是古代战争史上以弱胜强的著名战例。这次可是牵到了一只大肥羊。

用计案例二

战国时，齐国攻打廪丘，赵国派孔青率敢死队去救援。结果，齐军大败，主将阵亡，遗尸三万具。孔青得车两千辆。

孔青本想将三万具死尸封上，筑成两座大坟墓，以显赵军的威风。可赵军的副将宁越对孔青说："与其将这三万具尸体埋掉，不如将尸体还给齐国，让齐国的战车全部用来运载尸体，国库的钱财用于安葬士兵。"

孔青说："齐国如果不要这些尸体怎么办？"宁越说："不会的，齐国一定会收回去的。战而不胜，此为第一条罪状；率领这三万士兵出来打仗，他们战死后，又不把他们的尸体带回去，此为第二条罪状；我们还给他们尸体，他们却不来取，此为第三条罪状。齐国的百姓若知道君王犯下这三条罪状，定然万分愤怒。这样，君王也就无法驾驭臣下，百姓也就不会去侍奉君王了。这必然给齐国带来致命的打击。"

顺手牵羊，首先是要顺，即不花费大气力便能捞到益处。这只羊并不是你原来的目标，只是在敌方作战中被你看到了这样一个漏洞，因此你要因势利导，迅速作出反应，加以利用。其次还要注意，这只羊是否真是一只暂时无人看管的羊，若是对方的诱饵，等待你的可将是陷阱了。

第三套 攻战计

第十三计 打草惊蛇

疑以叩实[①]，察而后动；复者[②]，阴之媒也[③]。

注释

①疑以叩实：发现了疑点就应当考实查究清楚。叩，敲击，引申为查究。

②复：反复去做，即反复去叩实而后动。

③阴：此指某些隐藏着的事物和情况。媒：媒介，手段。句意为反复查究是发现隐藏之敌情的重要手段。

译文

有了可疑情况必须加以查实，只有在洞察一切之后方可行动。反复了解和分析敌情，是探清敌方阴谋和实施自己机密所必需的。

计名探源

打草惊蛇，语出段成式《酉阳杂俎》：唐代王鲁任当涂县县令，搜刮民财，贪污受贿。有一次，县民控告他的部下主簿贪赃。他见到状子，十分惊骇，情不自禁地在状子上批了八个字："汝虽打草，吾已惊蛇。"后来就被简化为"打草惊蛇"。

打草惊蛇，作为谋略，是指敌方兵力没有暴露，行踪诡秘，意向不明时，切切不可轻敌冒进，应当查清敌方主力配置与运动状况再说。

用计案例

公元前627年，秦穆公发兵攻打郑国，他打算和安插在郑国的奸细里应外合，夺取郑国都城。大夫蹇叔以为秦国离郑国路途遥远，兴师动众长途跋涉，郑国肯定会做好迎战准备。秦穆公不听，派孟明视等三帅率部出征。蹇叔在部队出发时，痛哭流涕地警告说，恐怕你们这次袭郑不成，反会遭到晋国的埋伏，只有到崤山去给士兵收尸了。

果然不出蹇叔所料，郑国得到了秦国袭郑的情报，逼走了秦国安插的奸细，做好了迎敌准备。秦军见袭郑不成，只得回师，但部队长途跋涉，十分疲惫。部队经过崤山时，毫无防备意识。他们以为秦国曾对晋国刚死不久的晋文公有恩，晋国不会攻打秦军。哪里知道，晋国早在崤山险峰峡谷中埋伏了重兵。

一个炎热的中午，秦军发现晋军小股部队，孟明视十分恼怒，下令追击。追到山隘险要处，晋军突然不见踪影。孟明视一见此地山高路窄，草深林密，情知不妙。这时鼓声震天，杀声四起，晋军伏兵蜂拥而上，大败秦军，生擒孟明视等三帅。秦军不察敌情，轻举妄动，“打草惊蛇”，终于遭到惨败。当然，军事上有时也可故意“打草惊蛇”而诱敌暴露，从而取得战斗的胜利。

知己知彼，方能百战不殆。因此在军事行动中保持机密状态是双方都极为重视的，都不想让敌方了解自己。此时，若我在明处，敌在暗处，须诱使或迫使敌方行动，以了解其所处位置企图；若敌在明处，我在暗，则切莫惊动此蛇，快快施行你的战略行动吧。

第十四计 借尸还魂

有用者，不可借①；不能用者，求借②。

借不能用者而用之③，“匪我求童蒙，童蒙求我④。”

注释

①借：凭借，利用。

②求借：企求被利用。

③借不能用者而用之：借看上去无用的东西发挥作用。

④匪我求童蒙，童蒙求我：语出《易经》蒙卦：“蒙，亨，匪我求童蒙，童蒙求我。”蒙是卦名，下卦为坎，坎为水为险；上卦为艮，艮为山。山下有险，草木丛生，故说“蒙”。这里“童蒙”是指幼稚无知，求师教诲的儿童。此句意为不是我求助于蒙昧之人，而是蒙昧之人有求于我了。

译文

自身还能有所作为的人，不可能借用他的名义和控制他为我所用；那些自身没有作为或不能有所作为的人，则需要依靠别的力量来求得生存和发展。借用这些无用东西的名义，加以发挥利用，壮大我的力量。这其中的道理正像：不是我去求一个幼稚愚昧的人来帮我，而是那个幼稚愚昧的人来求我。

计名探源

借尸还魂，原意是说已经死亡的东西，又借助某种形式得以复活。用在军事上，是指利用支配那些没有作为的势力来达到我方目的的策略。战争中往往有这类情况，对双方都有用的势力，往往难以驾驭，很难加以利用。而没有什么作为的势力，往往要寻求靠山。这个时候，利用和控制这部分势力，往往可以达到取胜的目的。

此计的名称来源于民间“八仙过海”的故事：古时有一人名叫李玄，随太上老君学长生不老之术。一日，他要随太上老君魂游太空，留下肉体凡胎叫弟子看守。原说好七日便回，谁知他魂游三山五岳，流连忘返。弟子们见师父久久不回，只好将其躯体焚化了。等李玄玩够回来，魂魄已没了附着之处。恰好路边有个刚刚饿死的乞丐，由于时间紧迫，李玄只好借乞丐的尸体还了魂，结果成了蓬头垢面，跛足秃头的“铁拐李”。

用计案例一

秦朝施行暴政，天下百姓“欲为乱者，十室有五”。大家都有反秦的愿望，但是如果没有强有力的领导者和组织者，也就难成大事。秦二世元年，陈胜、吴广被征发到渔阳戍边。当这些戍卒走到大泽乡时，连降大雨，道路被水淹没，眼看无法按时到达渔阳了。秦朝法律规定，凡是不能按时到达指定地点的戍卒，一律处斩。陈胜、吴广知道，即使到达渔阳，也会因误期被杀，不如一拼，寻求一条活路。他们知道同去的戍卒也都有这种思想，正是举兵起义的大好时机。

陈胜又想到，自己地位低下，恐怕没有号召力。当时有两位名人深受人们尊敬，一个是秦始皇的大儿子扶苏，温良贤明，已被阴险狠毒的秦二世暗中杀害，老百姓却不知情；另一个是楚将项燕，功勋卓著，爱护将士，威望极高，在秦灭六国之后不知去向。于是陈胜公开打出他们的旗号，以期能够得到大家的拥护。

他们还利用当时人们的迷信心理，巧妙地做了其他安排。有一天，士兵做饭时，在鱼腹中发现一块丝帛，上写“陈胜王”(这个王字是称王的意思)，士兵大惊，暗中传开。吴广又趁夜深人静之时，在旷野荒庙中学狐狸叫，士兵们还隐隐约约地听到空中有“大楚兴，陈胜王”的叫声。他们以为陈胜不是一般的人，肯定是承“天意”来领导大家的。

陈胜、吴广见时机已到，率领戍卒杀死朝廷派来的将尉。陈胜登高一呼，揭竿而起。他说：“我们反正活不成了，不如和他们拼个你死我活，就是死，也要死出个样儿来。”于是，陈胜自号为将军，吴广为都尉，攻占大泽乡。天下云集响应，节节胜利，所向披靡。后来，部下拥立陈胜为王，国号“张楚”。

历史上，每当改朝换代之时，首先举起义旗的英雄豪杰往往要拥立亡国之君的后裔，借此号召民众，攻伐厮杀，以最终达到自己的目的。他们所用的都是借尸还魂之计。

用计案例二

战国时，魏国漳水泛滥成灾，地方官勾结女巫，每年将贫苦少女投入河中，名曰“河伯娶妻”。他们借口平息水害，实则残害百姓，搜刮财物。魏王派西门豹任邺城令。西门豹到任后，为原本富饶的地方现已凋敝不堪而十分气恼，于是决定来个将计就计，彻底根除“河伯娶妻”的残酷做法。

这一年，“河伯娶妻”的日子又到了。西门豹看到十几个巫婆拥着一个少女，几个官绅神气地站在巫婆一边。接着，那个可怜的少女正要被架到船上时，西门豹发话了，让把那个少女带到自己面前。西门豹故意说少女太丑，不配做河伯之妻，于是一连逼着将一个老巫婆、一个小巫婆及一个官绅投进河里。随后，西门豹望着水流湍急的漳河，微皱眉头，煞有介事地对其他巫婆和官绅说："他们怎么还不上来？你们谁下去再催一催？"一听还要往河里投人，巫婆们和官绅们吓得魂不附体，连忙跪在地上求饶。

西门豹板着严肃的面孔说："河水长流不息，哪里有什么河伯！你们以'河伯娶妻'的名义敲诈勒索，残害百姓。几个巫婆已去送死了，往后有谁再给河伯娶妻，那就让他当媒人，先去给河伯送信好啦！"自此，"河伯娶妻"的事再没出现过。

只因自己一时势力弱小，才借尸以壮声威，尸用过之后必须尽快灭掉，不能培养了其势力，不然哪天真诈起尸来，自己就小命难保了。用此计，切记一个"借"字。

第十五计 调虎离山

待天以困之[1]，用人以诱之[2]，往蹇来连[3]。

注释

①待天以困之：待天时对敌方不利，再去围困他。天，指各种自然条件。

②用人以诱之：用人为的假象去诱惑他。

③往蹇jiǎn来连：语出《易经》蹇卦："六四：往蹇来连。"蹇是卦名，下卦为艮，艮为山；上卦为坎，坎为水。山上有水流，山石多险，水流曲折，言行道之不容易。蹇，困难；连，艰难。这句意为：往来皆难，行路困难重重。

译文

利用不利的天时来困扰敌人，用人为的方法来诱惑敌人离开对它有利的地形；主动进攻有危险时，就诱使或迫使它来进攻，这对我们更加有利。

计名探源

调虎离山，此计用在军事上，是一种调动敌人的谋略。它的核心在一"调"字。虎，指敌方，山，指敌方占据的有利地势。如果敌方占据了有利地势，并且兵力众多，防范严密，此时，我方不可硬攻。正确的方法是设计相诱，把敌人引出坚固的据点，或者，把敌人诱入对我军有利的地区，这样做才可以取胜。

这一计策的名称源于古代猎人捕虎的方法。虎本是兽类中最威猛的，再凭借深山大泽的有利地形，就更使它无人能敌。猎人常用诱饵将虎诱下山来，或跌入陷阱，或误入犬笼，使虎失去了以往的威风，正所谓"虎落平阳被犬欺"。作为军事计谋，早在《管子·形势解》中就有过论述。在《西游记》《说岳全传》中也用过此计。

用计案例一

东汉末年，军阀并起，各霸一方。孙坚之子孙策，年仅十七岁，年少有为，继承父志，势力逐渐强大。公元199年，孙策欲向北推进，准备夺取江北卢江郡。卢江郡南有长江之险，北有淮水阻隔，易守难攻。占据卢江的军阀刘勋势力强大，野心勃勃。孙策知道，如果硬攻，取胜的机会很小。他和众将商议，定出了一条调虎离山的妙计。

针对军阀刘勋极其贪财的弱点，孙策派人给刘勋送去一份厚礼，并在信中把刘勋大肆吹捧了一番。信中说刘勋功名远播，令人仰慕，并表示要与刘勋交好。孙策还以弱者的身份向刘勋求救。他说："上缭经常派兵侵扰我们，我们力量薄弱，不能远征，请求将军发兵降服上缭，我们感激不尽。"刘勋见孙策极力讨好他，万分得意。上缭一带，十分富庶，刘勋早想夺取，今见孙策软弱无能，免去了后顾之忧，决定发兵上缭。部将刘晔极力劝阻，刘勋哪里听得进去！他已经被孙策的厚礼甜言迷惑住了。

孙策时刻监视刘勋的行动，见刘勋亲自率领几万兵马去攻上缭，城内空虚，心中大喜，说：“老虎已被我调出山了，我们赶快去占据它的老窝吧！”于是立即率领人马，水陆并进，袭击卢江，几乎没遇到像样的抵抗，就十分顺利地控制了卢江。

刘勋猛攻上缭，一直不能取胜。突然得报，孙策已取卢江，情知中计，后悔已经来不及了，只得灰溜溜地投奔曹操。

用计案例二

《孙子兵法》中“利而诱之”的调敌之法就是调虎离山计。

先秦时，鲁仲连用调虎离山计智取了聊城。

其时，田单施计击败燕军，收复了齐国失去的七十多座城，唯有聊城未能收回。田单无计可施，便请出鲁仲连献计。鲁仲连得悉，死守聊城的燕将因怕燕王杀头才不得已坚守该城，于是亲书一信，用箭射入聊城城内。守城的军兵将信交与燕将。

信中主要意思是，齐国不惜一切代价，正要收复聊城。目前，燕国面临大乱，燕君王受到天下百姓的耻笑。聊城内军粮几乎断绝，然而，将士们均无叛变之心。这样的军队真是好样的，能无敌于天下。尽管这样，你们不如马上收兵，离开聊城，回去见燕王。燕王看到保全完好的军队和战车，一定万分高兴。燕国的百姓都会感念你们，亲朋好友都会尊敬你们。你们这样做，上可以辅君王，下可以抚百姓，名利双收。既如此，你们何必要死守聊城呢？

燕将看完信，权衡了利弊，认为鲁仲连说得有理，于是连夜撤兵，离开了聊城。鲁仲连施了调虎离山计，仅一封信就使燕将撤了兵，离开了聊城。

要想调动这只“虎”，必得重利以诱之，使虎见利而不顾后患。虎一下山就得全力歼灭之，虎若乱咬起来，可就不是狗咬的模样了。

第十六计 欲擒故纵

逼则反兵，走则减势[①]。紧随勿迫[②]，累其气力，消其斗志，散而后擒，兵不血刃[③]。需，有孚，光[④]。

注释

①逼则反兵，走则减势：逼迫敌人太紧，它可能因此拼死反扑，若让它逃跑则可减削它的气势。
逼，追逼。反兵，率兵反扑。走，逃跑。

②紧随勿迫：紧紧跟踪敌人，但不要去逼迫它。

③兵不血刃：兵器上不沾血，指不动刀枪而战胜敌人。

④需，有孚，光：语出《易经》需卦："需，有孚，光亨。"需是卦名，下卦为乾，乾为天；上卦为坎，坎为水为险，是降雨在即之象，也象征着一种危险存在着，必须得去突破它，但突破危险又要善于等待。需，即是等待。孚，诚心。光，通"广"。
句意为：要善于等待，要有诚心耐性，就会大吉大利。

译文

把敌人逼得太紧，它就会拼命反扑。如果放它逃跑，就可以挫伤它的锐气，削减它的气势。追击敌人，要紧随其后，但也不要逼得太紧，而是要消耗它的体力，瓦解它的斗志，等其士气低落军心涣散时再捉拿，这样就可以避免过多的流血牺牲。这正是《周易》需卦中所说的，要善于等待，有诚心，就能胜利。

计名探源

“欲擒故纵”这一说法在《老子》三十六章中就从哲学角度加以分析过，在《鬼谷子·谋篇》中也对它有过论述。欲擒故纵中的“擒”和“纵”，是一种矛盾，在军事上，“擒”是目的，“纵”是方法。古人有“穷寇莫追”的说法，实际上，不是不追，而是看怎样去追。把敌人逼急了，它只得竭尽全力，拼命反扑。不如暂时放松一步，使敌人丧失警惕，斗志松懈，然后再伺机而动，歼灭敌人。

用计案例

诸葛亮七擒孟获，就是军事史上一个“欲擒故纵”的绝妙战例。

蜀汉建立之后，定下北伐大计。当时西南夷酋长孟获率十万大军侵犯蜀国。诸葛亮为了解决北伐的后顾之忧，决定亲自率兵先平孟获。蜀军主力到达泸水（今金沙江）附近，诱敌出战，事先在山谷中埋下伏兵，孟获被诱入伏击圈内，兵败被擒。

按说，擒拿敌军主帅的目的已经达到，敌军一时也不会有很强的战斗力了，乘胜追击，自可大破敌军。但是诸葛亮考虑到孟获在西南夷中威望很高，影响很大，如果让他心悦诚服，主动请降，就能使南方真正稳定。不然的话，南夷各个部落仍不会停止侵扰，后方难以安定。诸葛亮决定对孟获采取“攻心”战，断然释放孟获。孟获表示下次定能击败蜀军，诸葛亮笑而不答。

孟获回营，拖走所有船只，据守泸水南岸，阻止蜀军渡河。诸葛亮乘敌不备，从敌人不设防的下游偷渡过河，并袭击了孟获的粮仓。孟获暴怒，要严惩将士，激起将士的反抗，于是相约投降，趁孟获不备，将孟获绑赴蜀营。诸葛亮见孟获仍不服，再次将其释放。

以后孟获又用了许多计策，都被诸葛亮识破，他四次被擒，四次被释放。最后一次，诸葛亮火烧孟获的藤甲兵，第七次生擒孟获。孟获终于感动了，他真诚地感谢诸葛亮七次不杀之恩，誓不再反。从此，蜀国西南安定，诸葛亮才得以举兵北伐。

此计必须在我强敌弱形势下实施，擒纵仅在股掌之间，这种等待也是为了减少我方的损失。作为敌对方，必得擒之，灭之，若放虎归山，再擒难矣。再给他喘息之机，就有被他反咬的可能。

第十七计 抛砖引玉

类以诱之[1]，击蒙也[2]。

注释

①类以诱之：出示某种类似的东西去诱惑它。

②击蒙也：打击被迷惑的敌人。

译文

用相类似的方法去迷惑诱骗敌人，趁它糊里糊涂的时候予以打击，夺取胜利。

计名探源

抛砖引玉，出自《传灯录》卷十："比来抛砖引玉，却引得个坠子。"

相传唐代诗人常建，听说赵嘏要去游览苏州的灵岩寺。为了请赵嘏作诗，常建先在庙壁上题写了两句，赵嘏见到后，立刻提笔续写了两句，而且比前两句写得好。后来文人称常建的这种做法为"抛砖引玉"。然而这个故事是杜撰的，常建比赵嘏生活时代要早一百多年。

此计用于军事，是指用相类似的事物去迷惑诱骗敌人，使其懵懂上当，中我圈套，然后乘机击败敌人的计谋。"砖"和

"玉"，是一种形象的比喻。"砖"，指的是小利，是诱饵；"玉"，指的是作战的目的，即大的胜利。"引玉"，才是目的，"抛砖"，是为了达到目的的手段。钓鱼需用钓饵，让鱼儿尝到一点甜头，它才会上钩；敌人占了一点便宜，才会误入圈套，身不由己。

用计案例

公元前 700 年，楚国用"抛砖引玉"的策略，轻取绞城。这一年，楚国发兵攻打绞国（今湖北郧县西北），大军行动迅速。楚军兵临城下，气势旺盛。绞国自知出城迎战，凶多吉少，决定坚守城池。绞城地势险要，易守难攻。楚军多次进攻，均被击退。两军相持一个多月。

楚国大夫莫傲屈瑕仔细分析了敌我双方的情况，认为绞城只可智取，不可力克。他向楚王献上一条"以鱼饵钓大鱼"的计谋。他说："攻城不下，不如利而诱之。"楚王向他问诱敌之法，屈瑕建议，趁绞城被围月余，城中缺少薪柴之时，派些士兵装扮成樵夫上山打柴运回来，敌军一定会出城劫夺柴草。头几天，让他们先得一些小利，等他们麻痹大意，大批士兵出城劫夺柴草之时，先设伏兵断其后路，然后聚而歼之，乘势夺城。楚王担心绞国不会轻易上当，屈瑕说："大王放心，绞国虽小而轻躁，轻躁则少谋略。有这样香甜的钓饵，不愁他不上钩。"楚王于是依计而行，命一些士兵装扮成樵夫上山打柴。

绞侯听探子报告有樵夫进山的情况，忙问这些樵夫有无楚军保护。探子说："他们三三两两进山，并无兵士跟随。"绞侯马上布置人马，待"樵夫"背着柴火出山之机，突然袭击，果然顺利得手，抓了三十多个"樵夫"，夺得不少柴草。一连几天，果然收获不小。见有利可图，绞国士兵出城劫夺柴草的越来越多。

楚王见敌人已经吞下钓饵，便决定迅速逮大鱼。第六天，绞国士兵像前几天一样出城劫掠，“樵夫”们见绞军又来了，吓得没命地逃奔，绞国士兵紧紧追赶，不知不觉被引入楚军的埋伏圈内。只见伏兵四起，杀声震天，绞国士兵哪里抵挡得住，慌忙败退，又被伏兵断了归路，死伤无数。楚王此时趁机攻城，绞侯自知中计，已无力抵抗，只得请降。

钓鱼，鱼饵要香，要来得正是时候，鱼儿正饥，饥不择食，不辨真伪。此计必得揣其所需，抓住机遇。

第十八计 擒贼擒王

摧其坚[①]，夺其魁[②]，以解其体。
龙战于野，其道穷也[③]。

注释

①坚：强势。②魁：首脑。

③龙战于野，其道穷也：强龙争斗在田野大地之上，也是走入了困顿的绝境。语出《易经》坤卦。其象辞曰："龙战于野，其道穷也。"坤是卦名，上下都是坤，为纯阴之卦。

译文

摧毁敌人的主力，抓获其首领，就可以使其全军瓦解。就好像群龙无首，又都离开了大海，跑到陆地上混战，只能陷于穷途末路。

计名探源

擒贼擒王，语出唐代诗人杜甫《前出塞》："挽弓当挽强，用箭当用长。射人先射马，擒贼先擒王。"民间有"打蛇要打七寸"的说法，也是这个意思。蛇无头不行，打了蛇头，这条蛇也就完了。此计用于军事，是指打垮敌军主力，擒拿敌军首领，使敌军彻底瓦解的谋略。擒贼擒王，就是捕杀敌军首领或者摧毁敌人的首脑机关，敌方陷于混乱，便于我方彻底击溃之。指挥员不能满足于小的胜利，要统观全局，扩大战果，以得全胜。如果错过时机，放走了敌军主力和敌方首领，就好比放虎归山，后患无穷。

用计案例一

唐朝安史之乱时，安禄山气焰嚣张，连连大捷。安禄山之子安庆绪派勇将尹子奇率十万劲旅进攻睢阳。御史中丞张巡驻守睢阳，见敌军来势汹汹，决定据城固守。敌兵二十余次攻城，均被击退。尹子奇见士兵已经疲惫，只得鸣金收兵。

晚上，敌兵刚刚准备休息，忽听城头战鼓隆隆，喊声震天。尹子奇急令部队准备与冲出城来的唐军激战。而张巡“只打雷不下雨”，不时擂鼓，像要杀出城来，可是一直紧闭城门，没有出战。尹子奇的部队被折腾了整夜，没有得到休息，将士们疲乏已极，眼睛都睁不开，倒在地上就呼呼大睡。这时，城中一声炮响，突然之间，张巡率领守兵冲杀出来。敌兵从梦中惊醒，惊慌失措，乱作一团。张巡一鼓作气，接连斩杀五十余名敌将五千余名士兵，敌军大乱。张巡急令部队擒拿敌军首领尹子奇，部队一直冲到敌军帅旗之下。

张巡从未见过尹子奇，根本不认识，现在他又混在敌军之中，更加难以辨认。张巡心生一计，让士兵用秸秆削尖作箭，射向敌军。敌军中不少人中箭，他们以为这下完了，没有命了。但是发现，自己中的是秸秆箭，心中大喜，以为张巡军中已没有箭了。他们争先恐后向尹子奇报告这个好消息。张巡见状，立刻辨认出了敌军首领尹子奇，急令神箭手部将南霁云向尹子奇放箭，正中尹子奇左眼。这回可是真箭。只见尹子奇鲜血淋漓，抱头鼠窜，仓皇逃命。敌军一片混乱，大败而逃。

用计案例二

刘秀与王莽交战时，刘秀使用擒贼擒王之计，战胜了王莽军。当时，王莽数十万大军包围了昆阳，刘秀奉命突围出城，到各地召集援兵。待刘秀返回昆阳时，王莽的数十万大军已将昆阳包围得水泄不通。面对如此严峻的局面，刘秀想出了一个计略，即将王莽军的统帅部中营作为攻击的目标。刘秀立即选出三千名身强力壮的士兵组成敢死队，亲自指挥。此时，援军主力也做好了一切准备。

定下攻击王莽军的时刻已到。刘秀亲率敢死队，几经周折，来到一个离中营很近的地方，出其不意地向敌营发起猛攻。王莽军统帅王邑、王寻一时让这突如其来的猛攻给弄蒙了，半晌才省悟过来。随即，二人急忙率一万军兵去迎战。刘秀战刀一挥，三千名敢死队的军兵像狂风一样杀向敌军，刀劈枪挑，勇猛无敌，直杀得敌军哭爹喊娘。王寻被杀，王邑逃跑，王莽军因失去统帅而溃不成军，死的死，伤的伤，逃跑的逃跑。刘秀使的擒贼擒王的计略在此战中大显了神威。

第四套 混战计

第十九计 釜底抽薪

不敌其力，而消其势，兑下乾上之象[①]。

注释

①兑下乾上之象：即《易经》中的履卦，下卦为兑为泽，上卦为乾为天。又，兑为阴卦，为柔；乾为阳卦，为刚。兑在下，从循环关系和规律上说，下必冲上，于是出现“柔克刚”之象。此计正是运用此象推理衍之，喻我取此计可胜强敌。

译文

在敌强我弱，不能与对方相匹敌的情况下，可以用削弱瓦解对方气势的方法，减小敌方的力量。这就是《周易》履卦上所说的以柔克刚的方法。

计名探源

釜底抽薪，语出北齐魏收《为侯景叛移梁朝文》：“抽薪止沸，剪草除根。”古人还说：“故以汤止沸，沸乃不止，诚知其本，则去火而已矣。”这个比喻很浅显，道理却说得十分清楚。水烧开了，再掺开水进去是不能让水温降下来的，根本的办法是把火灭掉，水温自然就降下来了。

此计用于军事，是指对强敌不可靠正面作战取胜，而应该避其锋芒，削减敌人的气势，再乘机取胜的谋略。

釜底抽薪的关键是善于抓住主要矛盾。很多时候，一些影响战争全局的关键点，恰恰是敌人的弱点，指挥员要准确判断，抓住时机，攻敌之弱点，比如粮草辎重，如能乘机夺得，敌军就会不战自乱。三国时的官渡之战即是一个有名的战例。

用计案例

东汉末年，军阀混战，河北袁绍乘势崛起。公元199年，袁绍率领十万大军攻打许昌。当时，曹操据守官渡（今河南中牟北），兵力只有三万多人。两军隔河对峙。袁绍仗着人马众多，派兵攻打白马。曹操表面上放弃白马，命令主力开向延津渡口，摆开渡河架势。袁绍怕后方受敌，迅速率主力西进，阻挡曹军渡河。谁知曹操虚晃一枪之后，突派精锐回袭白马，斩杀颜良，初战告捷。

由于两军相持了很长时间，双方粮草供给成了关键。袁绍从河北调集了一万多车粮草，屯集在大本营以北四十里的乌巢。曹操探得乌巢并无重兵防守，决定偷袭乌巢，断其供应。他亲自率五千精兵打着袁绍的旗号，衔枚疾走，夜袭乌巢。乌巢袁军还没有弄清真相，曹军已经包围了粮仓。一把大火点燃，顿时浓烟四起。曹军乘势消灭了守粮袁军，袁军的一万多车粮草，顿时化为灰烬。袁绍大军闻讯，惊恐万分，供应断绝，军心浮动，袁绍一时没了主意。曹操此时发动全线进攻，袁军士兵已丧失战斗力，十万大军四散溃逃。袁军大败，袁绍带领八百亲兵，艰难地杀出重围，回到河北，从此一蹶不振。

第二十计 浑水摸鱼

乘其阴乱[1]，利其弱而无主。随，以向晦入宴息[2]。

注释

①阴乱：内部发生混乱。

②随，以向晦入宴息：语出《易经》随卦。其象辞说："泽中有雷，随，君子以向晦入宴息。"随是卦名，上卦为兑，兑为泽；下卦为震，震为雷。言雷入泽中，大地寒凝，万物蛰伏。随，顺从之意。向晦，傍晚。宴息，休息。

译文

趁着敌人内部发生混乱，利用它力量薄弱，内部还没有统一主见的时候，使它能顺随于我。就像《周易》随卦中所说的，夜晚，人必须睡觉休息，这是顺应自然规律。战争也是要顺从规律，随机行事，乱中取利。

计名探源

浑水摸鱼，原意是，在混浊的水中，鱼晕头转向，乘机下手，可以将鱼抓到。这也是渔夫们的实践经验。此计用于军事，是指当敌人混乱无主时，乘机出击夺取胜利的谋略。在混浊的水中，鱼儿辨不清方向，在复杂的战争中，弱小的一方经常会动摇不定，这时就有可乘之机。更多的时候，这个可乘之机不能只靠等待，而应主动去创造。一方主动去把水搅浑，使情况变得复杂起来，然后见机行事，捞取实惠。

用计案例一

唐朝开元年间，契丹叛乱，多次侵犯唐朝。朝廷派张守为幽州节度使，平定契丹之乱。契丹大将可突于几次攻幽州，未能攻下。可突于想探听唐军虚实，派使者到幽州，假意表示愿意重新归顺朝廷，永不进犯。张守知道契丹势力正旺，主动求和，必定有诈。他将计就计，客气地接待了来使。

第二天，他派王悔代表朝廷到可突于营中宣抚，并命王悔一定要探明契丹内部的底细。王悔在契丹营中受到热情接待，他在招待酒宴上仔细观察契丹众将的一举一动。他发现，契丹众将在对朝廷的态度上并不一致。他又从一个小兵口中探听到分掌兵权的李过折一向与可突于有矛盾，两人貌合神离，互不服气。王悔特意去拜访李过折，装作不了解他和可突于之间的矛盾，当着李过折的面，假意大肆夸奖可突于的才干。李过折听罢，怒火中烧，说可突于主张反唐，使契丹陷于战乱，人民十分怨恨。并告诉王悔，契丹这次求和完全是假意，可突于已向突厥借兵，不日就要攻打幽州。

王悔乘机劝说李过折，唐军势力强大，可突于肯定失败。他如脱离可突于，建功立业，朝廷保证一定会重用他。李过折果然心动，表示愿意归顺朝廷。王悔任务完成，立即辞别契丹王返回幽州。第二天晚上，李过折率领本部人马，突袭可突于的中军大帐。可突于毫无防备，被李过折斩于营中，这一下，契丹营大乱。忠于可突于的大将涅礼召集人马，与李过折展开激战，杀了李过折。张守探得消息，立即亲率人马赶来接应李过折的部从。唐军火速冲入契丹军营，契丹军内正在火并，混乱不堪。张守乘势发动猛攻，生擒涅礼，大破契丹军，终于平息契丹叛乱。

用计案例二

在战场上，冒充敌人而蒙混过关，是此计常用的术法。

东汉时，刘秀作为一位成功的政治家，在其登位前曾与王郎厮战二十余日，攻克邯郸，杀死王郎，取得显赫战绩。

当时，王郎于邯郸称王，兵力雄厚。刘秀不敢正面与王郎交战，便带少数亲信到了蓟州。其时，蓟州兵变，响应王郎，欲捉拿刘秀。刘秀无法，冲出城门，仓皇南逃。刘秀一帮人逃到饶阳，已弹尽粮绝。刘秀猛然想出一计，一拍大腿，道出一个虎口求食的办法，即冒充王郎使者，哄得驿站一口饭吃。

刘秀一帮人各自装扮一番，刘秀冒充王郎使者，大摇大摆地走进驿站。驿站官员信以为真，岂敢怠慢，好酒好饭招待刘秀一帮人。刘秀一帮人狼吞虎咽的吃相，引起驿站官员的疑心。为辨真伪，驿站官员故意击鼓数十下，高喊邯郸王驾到。

驿站官员这么一喊、一击鼓，吓坏了刘秀一帮人，人人捏一把冷汗。而刘秀惊慌之后，马上镇静下来，并以眼色让众人沉住气。等了许久，也不见邯郸王到来，方知是驿站官员有意试探真假。酒足饭饱之后，刘秀一帮人迅急离开驿站，刘秀成功地运用浑水摸鱼之计，化险为夷。

第二十一计 金蝉脱壳

存其形，完其势；友不疑，敌不动。巽而止，蛊[1]。

注释

①巽而止，蛊gǔ：语出《易经》蛊卦。其象辞说："蛊，刚上而柔下，巽而止，蛊。"蛊是卦名，上卦为艮，艮为山为刚，为阳卦；下卦为巽，巽为风为柔，为阴势。故"蛊"的卦象是"刚上柔下"，意即高山沉静，风行于山下，事可顺当。又，艮在上卦，为静；巽为下卦，为谦逊，故说"谦虚沉静"，"弘大通泰"是天下大治之象。

译文

保存阵地的原有形式和部队的强大声势，使友军不怀疑，使敌军不敢轻举妄动，我方却在暗中悄悄转移主力，去打击别人主力或顺利脱离险境。

计名探源

金蝉脱壳的本意是，蝉在蜕变时，本体脱离皮壳而走，只留下蝉蜕还挂在枝头。此计用于军事，是指通过伪装摆脱敌人，撤退或转移，以实现我方战略目标的谋略。

先稳住对方，然后撤退或转移，绝不是惊慌失措，消极逃跑，而是保留形式，抽走内容，使自己脱离险境。达到己方战略目标后，己方常常可用巧妙分兵转移的机会出击另一部分敌人。

古人常用蝉脱壳来比喻人类社会生活中的某些现象，早在《史记·屈原贾生列传》及《淮南子·精神训》中就曾有过论述，到元代戏剧中，“金蝉脱壳”一语更在多种剧本中出现过。

用计案例一

三国时期，诸葛亮六出祁山，北伐中原，但一直未能成功，终于在第六次北伐时，积劳成疾，在五丈原病死于军中。为了不使蜀军在退回汉中的路上遭受损失，诸葛亮在临终前向姜维密授退兵之计。

姜维遵照诸葛亮的吩咐，在诸葛亮死后，秘不发丧，对外严密封锁消息。他带着灵柩，秘密率部撤退。司马懿派部队跟踪追击蜀军。

姜维命工匠仿诸葛亮模样，雕了一个木人，羽扇纶巾，稳坐车中。并派杨仪率领部分人马大张旗鼓，向魏军发动进攻。魏军远望蜀军，军容整齐，旗鼓大张，又见诸葛亮稳坐车中，指挥若定，不知蜀军又要什么花招，不敢轻举妄动。

司马懿一向知道诸葛亮“诡计多端”，又怀疑此次退兵乃是诱敌之计，于是命令部队后撤，观察蜀军动向。姜维趁司马懿退兵的大好时机，马上指挥主力部队，迅速安全转移，撤回汉中。等司马懿得知诸葛亮已死，再进兵追击，为时已晚。

用计案例二

公元前204年，楚汉大战于荥阳，项羽数十万大军将刘邦围困在荥阳城内。刘邦内无粮草，外无救兵，处境极为险恶。此时，刘邦部下纪信建议刘邦用金蝉脱壳之计逃离荥阳。

夜深人静之时，荥阳城东门突然大开，两千多名妇女和士卒从东门一拥而出。楚军以为汉军夜间突围，便向出城的妇女和士卒攻击。此时，纪信化装成刘邦，坐着车子，从城里出来。有人喊城里粮食吃光了，汉王投降了，楚军信以为真。项羽大喜，准备接受刘邦投降。他近前一看，车上坐的不是刘邦，而是穿着王服的纪信，便急忙问："刘邦在哪里？"纪信说刘邦已出城了。项羽率兵去追刘邦时，刘邦已逃回关中。

此计的实施，必要做好两方面：明面上要撑得住，装得像，使友不疑，敌不敢；而私下里却要抓住有利时机，迅速采取行动，特别是在危险情况下，多耽搁一分，便多一分危险，因此保密是此计的关键。

第二十二计 关门捉贼

小敌困之①。剥，不利有攸往②。

注释

①小敌困之：对弱小或者数量较少的敌人，要设法去围困他。

②剥，不利有攸往：语出《易经》剥卦。剥是卦名，下卦为坤，坤为地；上卦为艮，艮为山。意即广阔无边的地在吞没山，有所往则不利。

译文

对于弱小的敌人要加以包围全歼，决不能纵其逃跑。正如《周易》剥卦中所说，若让这小股敌人逃脱后再去穷追猛打，将是很不利的。

计名探源

关门捉贼，是运用了民间的俗语，是指对弱小的敌军要采取四面包围聚而歼之的谋略。如果让敌人得以脱逃，情况就会十分复杂。穷追不舍，一怕他拼命反扑，二怕中敌诱兵之计。

这里所说的“贼”，是指那些善于偷袭的小部队，他的特点是行动诡秘，出没不定，行踪难测。其数量不多，破坏性却很大，常会乘我方不备，侵扰我军。所以，对这种“贼”，不可让其逃跑，而要断他的后路，聚而歼之。当然，此计运用得好绝不只限于“小贼”，甚至可以围歼敌人的主力部队。

用计案例一

战国后期,秦国攻打赵国。秦军在长平(今山西高平北)受阻。长平守将是赵国名将廉颇，他见秦军势力强大，不能硬拼，便命令部队坚壁固守，不与秦军交战。两军相持四个多月。秦军仍拿不下长平。秦王采纳了范雎的建议，用离间法让赵王怀疑廉颇。赵王中计，调回廉颇，派赵括为将到长平与秦军作战。赵括到长平后，完全改变了廉颇坚守不战的策略，主张与秦军对面决战。

秦将白起故意让赵括尝到一点甜头，使赵括的军队取得了几次小胜利。赵括果然得意忘形，派人到秦营下战书，这下正中白起的下怀。他分兵几路,形成对赵军的包围圈。第二天，赵括亲率四十万大军，来与秦兵决战。秦军与赵军几次交战，都打输了。赵括志得意满，哪里知道敌人用的是诱敌之计。他率领大军追赶佯败的秦军，一直追到秦壁。秦军坚守不出，赵括一连数日攻克不下，只得退兵。这时突然得到消息：自己的后营已被秦军攻占，粮道也被秦军截断。秦军已把赵军全部包围起来。一连四十六天，赵军粮绝，士兵杀人相食，赵括只得拼命突围。白起已严密部署，多次击退企图突围的赵军，最后，赵括中箭身亡，赵军大乱。可惜四十万大军都被秦军杀戮。

这个赵括，就是会“纸上谈兵”，在真正的战场上，一下子就中了敌军“关门捉贼”之计，损失四十万大军，使赵国从此一蹶不振。

用计案例二

关门捉贼，在军事上作为一种计略，是指对敌人实行口袋战，千方百计将敌人引进“口袋”，而后全歼。

朱元璋、曾国藩都用关门捉贼之计战胜过敌军。近代军事史上，太平军杭州围困战即用了此计。

1861 年 9 月，李秀成率二十万大军，很快逼近杭州。浙江巡抚王有龄的粮草和军械都在杭州。王有龄一面加固城池，一面飞调各地援军。

李秀成得悉杭州城内准备充分，若贸然进攻，必定伤亡惨重，于是采用围而不打之策，切断杭州与外界的一切联系，切断对杭州的粮食供给。李秀成关起杭州的门，围而不打共五十余天，使得杭州城内既无粮草又无援兵，军心大为涣散。直到 12 月 29 日下令攻城时，太平军的人数已超过敌方，且兵精粮足，士气旺盛，仅用两天就攻入了杭州。李秀成使用关门捉贼之计，在杭州的围城战中取得了巨大战绩。

这“门”是我方预先设好的，不管敌方是主动进门还是被诱进门，只需敌方一进门，这门就必须关紧，不给敌方一丝逃脱的机会。所以如何设计好这道“门”是重中之重。

第二十三计 远交近攻

形禁势格[①]，利从近取，害以远隔[②]。上火下泽[③]。

注释

①形禁势格：受到地势的限制和阻碍。
禁，禁止。格，阻碍。

②利从近取，害以远隔：意为先攻取就近的敌人有利，越过近敌先去攻取远隔之敌是有害的。

③上火下泽：语出《易经》睽卦。其象辞说："上火下泽，睽。"睽是卦名，下卦为兑，兑为泽；上卦为离，离为火。上离下泽，是水火相克，水火相克则又可相生，循环无穷。睽，乖违，即矛盾。本卦意为上火下泽，两相矛盾。

译文

实施战备扩张，如果受到地理形势的限制时，就首先攻取离你最近的敌方，这样对你有利，如果先攻击远隔你的敌方，就有害。就像《周易》睽卦中所说的意思那样，远交近攻，各个击破。

计名探源

远交近攻，语出《战国策·秦策》。范雎曰："王不如远交而近攻，得寸，则王之寸；得尺，亦王之尺也。"这是范雎说服秦王的一句名言。远交近攻，是分化瓦解敌方联盟，各个击破，结交远离自己的国家而先攻打邻国的战略性谋略。当实现军事目标的企图受到地理条件的限制难以达到时，应先攻取就近的敌人，而不能越过近敌去打远离自己的敌人。为了防止敌方结盟，要千方百计去分化敌人，各个击破。消灭了近敌之后，"远交"国家又成为新的攻击对象了。"远交"的目的，实际上是为了避免树敌过多而采用的外交诱骗。

用计案例

战国末期，七雄争霸。秦国经商鞅变法之后，势力发展最快。秦昭王开始图谋吞并六国，独霸中原。公元前270年，秦昭王准备兴兵伐齐。范雎此时向秦昭王献上"远交近攻"之策，阻秦国攻齐。他说："齐国势力强大，离秦国又很远，攻打齐国，部队要经过韩魏两国。军队派少了，难以取胜；多派军队，打胜了也无法占有齐国土地。不如先攻打邻国韩魏，逐步推进。"为了防止齐国与韩魏结盟，秦昭王派使者主动与齐国结盟。

其后四十余年，秦始皇继续坚持"远交近攻"之策，远交齐楚，首先攻下韩魏，然后又从两翼进兵，攻破赵燕，统一北方；攻破楚国，平定南方；最后把齐国也收拾了。秦始皇征战十年，终于实现了统一中国的愿望。

"兔子不吃窝边草"，是因为兔子太弱，要用草来掩护自己，而老虎捕食，则越近越省力气。"远交"只是一种迷魂阵，老虎露一露笑脸，使对方既存有侥幸心理，又对锋利的虎牙有所畏惧。其实，老虎也怕群起而攻之。此计常在我强敌弱形势下实施。

第二十四计 假道伐虢

两大之间[①]，敌胁以从[②]，我假以势[③]。困，有言不信[④]。

注释

①两大：指两个大国。

②敌胁以从：指敌方大国胁迫小国顺从于它。

③假：借。

④困，有言不信：语出《易经》困卦："困，有言不信。"困是卦名，下卦为坎，坎为水，为阳；上卦为兑，兑为泽，为阴。卦象表明，本该容纳于泽中的水，现在离开泽而向下渗透，以致泽无水而受困，水离开泽流散无归也自困，故卦名为"困"。困，困乏。有言不信，意为这时靠说不能使它相信。

译文

夹在敌我两个大国之间的小国，当敌方强迫它屈服时，我方要立即出兵援助，既解了小国之困，又显示了我方之威。对于处在困境中的小国，光嘴说是不行的，要有实际行动，才能使它相信。

计名探源

假道，是借路的意思。语出《左传·僖公二年》："晋荀息请以屈产之乘，与垂棘之璧，假道于虞以灭虢。"

处在敌我两大国中间的小国受到敌方武力胁迫时，某国常以出兵援助的姿态，把力量渗透进去。当然，对处在夹缝中的小国，只用甜言蜜语是不会取得其信任的，援助国往往以"保护"或赠给"好处"为名，迅速进军，控制其局势，使其丧失自主权；再乘机突然袭击，就可轻而易举地取得胜利。

春秋时期，晋国想吞并邻近的两个小国虞和虢。这两个国家之间关系不错。晋如袭虞，虢会出兵救援；晋若攻虢，虞也会出兵相助。大臣荀息向晋献公献上一计。他说："要想攻占这两个国家，必须离间他们，使他们互不支持。虞国的国君贪得无厌，我们正可以投其所好。他建议晋献公拿出心爱的两件宝物，屈产良马和垂棘之璧，送给虞公。"献公哪里舍得！荀息说："大王放心，只不过让他暂时保管罢了，等灭了虢国再灭虞国，一切不都又回到您的手中了吗？"献公依计而行。虞公得到良马美璧，高兴得嘴都合不拢。

晋国故意在晋虢边境制造事端，找到了伐虢的借口。晋国要求虞国借道让晋国伐虢，虞公得了晋国的好处，只得答应。虞国大臣宫子奇再三劝说虞公，这件事办不得。虞虢两国，唇齿相依，虢国一亡，唇亡齿寒，晋国是不会放过虞国的。虞公却说，交一个弱朋友去得罪一个强有力的朋友，那才是傻瓜哩！

晋大军借道虞国，攻打虢国，很快就取得了胜利。班师回国时，把劫夺的财产分了许多送给虞公。虞公更是大喜过望。晋军大将里克，这时装病，称不能带兵回国，暂时把部队驻扎在虞国京城附近。虞公毫不怀疑。几天之后，晋献公亲率大军前去，虞公出城相迎。献公约虞公出城打猎。不一会儿，只见城中起火。虞公赶到城外时，京城已被晋军里应外合强占了。就这样，晋国又轻而易举地灭了虞国。

用计案例

东周初期，各诸侯国乘机扩张势力，楚文王时楚国势强，汉江以东各小国纷纷向其称臣纳贡。当时蔡国虽小，因与齐国有联姻，便不买楚国的账。楚王怀恨在心，一直想要灭蔡。

蔡国与另一小国息国很好，蔡侯、息侯都娶的是陈国的夫人。一次，因息侯夫人到蔡国没有得到上宾的礼遇，使息侯大为不满。此消息被楚文王得知，非常高兴，认为灭蔡机会已到，于是派人与息侯联系。息侯也正想借刀杀人，于是向楚文王献计，让楚国假意伐息，息向蔡求救，蔡必会发兵，此时楚息合兵，必能灭蔡。楚王一听，何乐不为！于是果然调兵攻息。蔡侯得知，急忙调兵救息。然而兵到息国城下，息侯却紧闭城门。蔡侯急欲退兵。楚军已借道息国将蔡侯围困。蔡侯被俘。

蔡侯得知真相后，痛恨之极，告诉楚文王，说息侯夫人息妫是个绝代佳人。这话正中好色之徒楚文王下怀。楚文王便以巡视为名到息国。息侯设宴款待。趁着酒兴，楚文王说："我帮你击败了蔡国，你为何不让夫人为我敬酒？"息侯无奈，只得让夫人出来。楚文王一见，果然天姿国色，决心要占为己有。第二次行答谢宴时，暗设伏兵，席间将息侯绑架，又轻而易举地灭了息国。

第五套

并战计

第二十五计 偷梁换柱

频更其阵[1]，抽其劲旅[2]，待其自败，而后乘之。曳其轮也[3]。

注释

①频更其阵：频繁地更改阵势。

②劲旅：主力部队。

③曳其轮也：语出《易经》既济卦。其象辞说："曳其轮，义无咎也。"既济是卦名，下卦为离，离为火；上卦为坎，坎为水。水处火上，水势压倒火势，救火之事，大告成功，故卦名"既济"。既，已经。济，成功。曳其轮，拖住了车轮，使车子不能运行。

译文

采取措施，使友军不得不频繁地改变阵势，而在改变过程中，暗暗地将它的主力部队从要害处撤下来，换成自己的，等它自趋失败时，乘机加以控制。正像《周易》中说的，要想控制住车的运行，拖住车的轮子就行。

计名探源

偷梁换柱，指用偷换的办法，暗中改换事物的本质和内容，以达蒙混欺骗的目的。“偷天换日”“偷龙换凤”“调包计”，都是同样的意思。用在军事上，指联合对敌作战时，反复变动友军阵线，借以调换其兵力，等待友军有机可乘一败涂地之时，将其全部控制。此计归于第五套“并战计”中，本意是趁友军作战不利，借机兼并他的主力为己方所用。此计中包含尔虞我诈，趁机控制别人的权术，所以也往往用于政治谋略和外交谋略。

“偷梁换柱”是一成语，有人认为它可能是从“托梁换柱”的故事而来。传说，商纣王的父亲帝乙一次领人去御花园赏牡丹，行至飞云阁，见阁上塌了一梁，很不高兴。纣王见状，竟凭自己力大无比，“托梁换柱”，把飞云阁修好了。后来“托梁换柱”演变成了“偷梁换柱”。

用计案例一

秦始皇称帝，自以为江山一统，是子孙万代的基业了。但是，他认为自己身体还不错，就一直没有立太子，指定接班人。宫廷内，存在两个实力强大的政治集团。一个是长子扶苏—蒙恬集团，一个是幼子胡亥—赵高集团。扶苏恭顺好仁，为人正派，在全国有很高的声誉。秦始皇本意欲立扶苏为太子，为了锻炼他，派他到著名将领蒙恬驻守的北线为监军。幼子胡亥，早被娇宠坏了，在宦官赵高的教唆下，只知吃喝玩乐。

公元前210年，秦始皇第五次南巡，到达平原津（今山东平原县附近），突然一病不起。此时，秦始皇也知道自己的大限将至，于是，连忙召丞相李斯，要李斯传达密诏，立扶苏为太子。当时掌管玉玺和起草诏书的是宦官头子赵高。赵高早有野心，看准了这是一次难得的机会，故意扣压密诏，等待时机。几天后，秦始皇在沙丘平召（今河北广宗县境）驾崩。李斯怕太子回来之前，政局动荡，所以秘不发丧。赵高特地去找李斯，告诉他："皇上赐立扶苏的诏书，还扣在我这里。现在，立谁为太子，我和你就可以决定。"狡猾的赵高又对李斯讲明利害，说："如果扶苏做了皇帝，一定会重用蒙恬，到那个时候，宰相的位置你能坐得稳吗？"一席话，果然说得李斯心动，二人合谋，制造假诏书，赐死扶苏，杀了蒙恬。

赵高未用一兵一卒，只用偷梁换柱的手段，就把昏庸无能的胡亥扶为秦二世，为自己今后的专权打下基础，也为秦朝的灭亡埋下了祸根。

用计案例二

偷梁换柱之计在政治与外交活动中常被用作奇谋奇计，以战胜敌人，解决矛盾，平息事端。

北宋年间，张咏在益州任知府。王继恩的军队在益州骄横逞能，欺压百姓。一天，一位老百姓来官府告发王继恩军中的士兵抢他的东西。那个士兵听闻有人告他，怕受制裁，便在深夜用绳子从城墙上缒下，跑掉了。张咏派衙役去追捕，并告诉那个衙役说："你抓到那个士兵后，把他的衣服扔到井里，回来报告我，就说那个士兵投井自杀了。"因为此事，王继恩军中一片骚动。士兵们骄横无理惯了，认为一个士兵抢点东西不算什么，对张咏的做法颇为愤怒，准备去张咏那里闹事。

张咏派去的衙役回来后，按张咏的吩咐说了那士兵投井身亡的事。打算闹事的士兵一听那个士兵跳井自杀，都一下子傻眼了，也不好再说什么了。张咏使用偷梁换柱之计，既避免了他与王继恩的矛盾，又平息了一场闹事风波。

第二十六计 指桑骂槐

大凌小者[1]，警以诱之[2]。刚中而应，行险而顺[3]。

注释

①凌：侵犯。

②警：警戒。

③刚中而应，行险而顺：语出《易经》师卦。其彖辞说："刚中而应，行险而顺，以此毒天下，而民从之。"师是卦名，下卦为坎，坎为水为险；上卦为坤，坤为地为顺，水流地下，随势而行。这正如军旅之象，故名为"师"。以此卦象的道理督治天下，百姓就会服从。这是吉祥之象。毒，治的意思。

译文

凭借强大的实力去控制弱小者，要用警戒的手法去诱导。就像《周易》师卦所说，采取适当的强硬手段，可以得到拥护，使用果敢的方式可以使之敬畏，最后达到归顺的目的。

计名探源

指桑骂槐原是一句民间俗语，此计的寓意应从两方面来理解。一是要运用各种政治和外交谋略，“指桑”而“骂槐”，施加压力配合军事行动。对于弱小的对手，可以用警告和利诱的方法，不战而胜。对于比较强大的对手也可以旁敲侧击威慑他。

春秋时期，齐相管仲为了降服鲁国和宋国，就运用了此计。他先攻下弱小的遂国，鲁国畏惧，立即谢罪求和，宋见齐鲁联盟，也只得认输求和。管仲“敲山震虎”，不用大的代价就使鲁宋两国臣服。

另外，作为部队的指挥官，必须做到令行禁止，法令严明。否则，指挥不灵，令出不行，士兵一盘散沙，怎能打仗！所以，历代名将都特别注意军纪严明，管理部队，刚柔相济，既关心和爱护士兵，又严加约束，决不能有令不从，有禁不止。所以，有时采用“杀鸡儆猴”的方法，抓住个别坏典型，从严处理，就可以震慑全军将士。

用计案例一

春秋时期，齐景公任命司马穰苴为将，带兵攻打晋燕联军，又派宠臣庄贾做监军。穰苴与庄贾约定，第二天中午在营门集合。第二天，穰苴早早到了营中，命令装好作为计时器的标杆和滴漏盘。约定时间一到，穰苴就到军营宣布军令，整顿部队。可是庄贾迟迟不到，穰苴几次派人催促，直到黄昏时分，庄贾才带着醉容到达营门。穰苴问他为何不按时到军营来，庄贾无所谓地说什么亲戚朋友都来为我设宴饯行，我总得应酬应酬吧，所以来得迟了。穰苴非常气愤，斥责他身为国家大臣，负有监军重任，却只恋自己的小家，不以国家大事为重。庄贾以为这是区区小事，仗着自己是国王的宠臣亲信，对穰苴的话，不以为意。

穰苴当着全军将士，命令叫来军令官，问："无故误了时间，按照军法应当如何处置？"军令官答道："该斩！"穰苴即命拿下庄贾。庄贾吓得浑身发抖，他的随从连忙飞马进宫，向齐景公报告情况，请求景公派人救命。在景公派的使者赶到之前，穰苴即令将庄贾斩首示众。全军将士，看到主将敢杀违犯军令的大臣，个个吓得发抖，谁还再敢不遵将令？这时，景公派来的使臣飞马闯入军营，叫穰苴放了庄贾。

穰苴应道："将在军，君命有所不受。"他见来使骄狂，便又叫来军令官，问道："在军营纵马乱奔，按军法应当如何处置？"军令官答道："该斩。"来使吓得面如土色。

穰苴不慌不忙地说道："君王派来的使者，可以不杀。"于是下令杀了他的随从和三驾车的左马，砍断马车左边的木柱。然后让使者回去报告。

从此，穰苴军纪严明，军队战斗力旺盛，打了不少胜仗。

用计案例二

指桑骂槐，作为一种军事计谋，就是敲山震虎的意思。

朱元璋带兵，特别注重军队纪律，打下和州后，他"和州立约"，申明军纪，强调将士买卖公平，不许调戏妇女。朱元璋率领的红巾军所到之处，与民秋毫无犯，深得沿途百姓的拥护。公元1356年，朱元璋打下集庆后，与众将商议攻打镇江的事。

就在攻打镇江的当天拂晓，部队在教场集合，等待攻打镇江的统帅徐达大将军发令。突然，一条惊人的消息传到教场，徐大将军被元帅抓了起来，马上要斩首。此时，只见徐大将军被反绑着押了过来，两名刽子手紧跟其后。接着，朱元璋在卫士簇拥下来到教场。执法官宣布完徐大将军的罪状后，就要开斩了。只见众将一齐跪下，向朱元璋哀求。朱元璋坐在椅子上，脸色铁青，一言不发。此时，全体士兵一齐跪下，求朱元璋免徐大将军死罪。

朱元璋见全体将士全都跪下求饶，便站起来问道：“我们起兵是为了什么？”将士们一齐答道：“代天行讨，除暴安民！”接着，朱元璋又语重心长地讲了一段话，全体将士们听了无不感动，无不鼓舞。最后，朱元璋宣布，看在众将士的分上免了徐达将军一死。徐达将军松绑后，当着全体将士面宣布：“打下镇江后，有违犯军纪，欺压百姓的，定斩不饶！”

朱元璋的大军很快攻克了镇江。军队进城后，纪律严明，秋毫无犯，百姓拍手称赞。朱元璋看到此种情景，十分高兴，叫来徐达，握着他的手说：“贤弟，教场那幕，真苦了你啦！”徐达笑道：“元帅，没有教场那幕戏，军纪能这样吗？”

两人哈哈大笑起来。

朱元璋使用了指桑骂槐之计，收到了极为明显的效果。

“指桑骂槐”是因为种种原因不便直接指槐，但桑与槐必须有直接的内在联系。这是一种骂的艺术，要骂到点上，让槐觉得确有其事，要骂到槐桑都还能承受，还有台阶可下，决不可激化矛盾。

第二十七计 假痴不癫

宁伪作不知不为，不伪作假知妄为。
静不露机，云雷，屯也[①]。

注释

①云雷，屯也：语出《易经》屯卦。其象辞说："云雷，屯。"屯是卦名。下卦为震，震为雷；上卦为坎，坎为雨，此卦象为雷雨并作，环境险恶，为事困难。屯，难。

译文

宁可装作无知而不采取任何行动，也不要假装聪明而轻举妄动。沉着镇定，丝毫不露半点心机。就像《周易》屯卦所说那样，等待时机，就像雷霆突然发作，以迅雷不及掩耳之势，给对方意想不到的打击。

计名探源

“假痴不癫”是从民间俗语“装疯卖傻”中演变而来。假痴不癫，重点在一个“假”字。这里的“假”，意思是伪装，装聋作哑，痴痴呆呆，而内心却特别清醒。此计作为政治谋略和军事谋略，都算高招。

用于政治谋略，就是韬晦之术，在形势不利于自己时，表面上装疯卖傻，给人以碌碌无为的印象，隐藏自己的才能，掩盖内心的政治抱负，以免引起政敌的警觉，暗里却等待时机，实现自己的抱负。

用计案例一

三国时期，曹操与刘备青梅煮酒论英雄这段故事，就是个典型的例证。

刘备早已有夺取天下的抱负，只是当时力量太弱，根本无法与曹操抗衡，而且还处在曹操控制之下，所以每日只是饮酒种菜，装作不问世事。

一日曹操请他喝酒，席上曹操问刘备谁是天下英雄，刘备列举数人，都被曹操否定了。忽然，曹操说道：“天下的英雄，只有我和你两个人！”一句话吓得刘备惊慌失措，生怕曹操知道自己的政治抱负，手中的筷子不由掉在地上。幸好此时一阵炸雷，刘备急忙遮掩，说自己被雷声吓掉了筷子。曹操见状，大笑不止，认为刘备连打雷都害怕，成不了大事，对刘备放松了警惕。

后来刘备摆脱了曹操的控制，终于在中国历史上成就了一番事业。

用计案例二

此计用在军事上，指的是虽然自己具有相当强大的实力，但故意不露锋芒，显得软弱可欺，用以麻痹敌人，骄纵敌人，然后伺机给敌人以措手不及的打击。

秦朝末年，匈奴内部政权变动，人心不稳。邻近一个强大的民族东胡，借机向匈奴勒索。东胡存心挑衅，要匈奴献上国宝千里马。匈奴的将领们都说东胡欺人太甚，国宝决不能轻易送给他们。匈奴单于冒顿却决定："给他们吧！不能因为一匹马与邻国失和嘛。"匈奴的将领们都不服气，冒顿却若无其事。

东胡见匈奴软弱可欺，竟然向冒顿要一名妻妾。众将见东胡得寸进尺，个个义愤填膺，冒顿却说："给他们吧，不能因为舍不得一个女子与邻国失和嘛！"

东胡不费吹灰之力，连连得手，料定匈奴软弱，不堪一击，根本不把匈奴放在眼里。这正是冒顿单于求之不得的。

不久之后，东胡看中了与匈奴交界处的一片茫茫荒原，这荒原属于匈奴的领土。东胡派使臣会匈奴，要匈奴以此地相赠。匈奴众将认为冒顿一再忍让，这荒原又是杳无人烟之地，恐怕只得答应割让了。谁知冒顿此次突然说道："荒原虽然杳无人烟，但也是我匈奴的国土，怎可随便让人？"于是，下令集合部队，进攻东胡。

匈奴将士受够了东胡的气，这一下，人人奋勇争先，锐不可当。东胡做梦也没想到那个"软弱"的冒顿会突然发兵攻打自己，所以毫无准备。仓促应战，哪里是匈奴的对手。战争的结果是东胡被灭，一味逞强的东胡王也被杀于乱军之中。

用计案例三

假痴不癫，是我国古代军书上很重要的谋略，《孙子兵法》中已有此说。此计的要旨是兵法中的诡道。施计者表面上装作痴癫，借以蒙人耳目，其实一点也不痴癫，头脑清醒得很。在战场上，将士装死也是一计，是此计的一种自然变化。

战国初，齐人孙膑和魏人庞涓拜鬼谷子为师，在一起学习兵法。庞涓自认为学得差不多了，中途便下山求取功名。临别前，庞涓向孙膑许下诺言，一旦被重用，就请孙膑一道共享荣华。孙膑继续留在鬼谷子身边学。鬼谷子认为孙膑为人质朴，学习刻苦，就将私藏的《孙子兵法》全部传授给他。

庞涓在魏国受到重用后，并未履行其诺言。后来，魏惠王听说庞涓的同学孙膑很有才华，便让庞涓写信邀请，庞涓不得已照办。

孙膑接到庞涓的信后，辞别了恩师鬼谷子，来到魏国。庞涓发现孙膑掌握的兵法比自己多，遂生嫉妒之心，于是在魏惠王面前极力诽谤孙膑。魏惠王轻信庞涓的谗言，决定处死孙膑。为了从孙膑那里骗到兵法，庞涓以同学的名义向魏惠王求情，将死刑改为膑刑，把孙膑的膝盖骨挖掉，使之变成残废。

庞涓将孙膑关押在一处秘密地方，向孙膑大献殷勤，还亲自侍奉他。孙膑并不知道陷害自己的正是这个庞涓，还把他当作知己同学。庞涓乘机向孙膑索取《孙子兵法》。孙膑为报答庞涓使自己免于一死的恩情，遂答应将《孙子兵法》背诵下来，写在木简上。

孙膑每天忍痛拼命书写，庞涓派来侍奉孙膑的童仆十分可怜、同情孙膑，就将实情告诉了他。孙膑听了童仆的话，恼恨之下，将写好的几篇兵法烧毁了。他想出了脱身之计，开始装疯卖傻。庞涓将他扔到粪坑里，以试其真疯还是假疯。孙膑便在粪坑里抓粪吃。庞涓派人献上酒肉，孙膑将酒肉推翻在地，口中大骂："你们想害死我！"庞涓于是相信孙膑确实疯了。

后来，齐宣王派谋士淳于髡到魏国，设法找到了孙膑，用车秘密地将他运到齐国。孙膑用假痴不癫之计保全了性命，得以成就后来的成功。

这“痴”“颠”装起来也极不容易，要装得像，不露半点破绽，要遭受许多痛苦与内心屈辱，只有心怀大志，明白“留得青山在，不怕没柴烧”的意义的人才能忍得、装得。

第二十八计 上屋抽梯

假之以便[①]，唆之使前[②]，断其援应[③]，陷之死地[④]。遇毒，位不当也[⑤]。

注释

①假之以便：给他提供方便。

②唆之使前：唆使他去做。

③断其援应：切断他的后援供应。

④陷之死地：使他陷于绝境。

⑤遇毒，位不当也：语出《易经》噬嗑卦。其彖辞说："遇毒，位不当也。"噬嗑是卦名，下卦为震，震为雷；上卦为离，离为火，是既打雷，又闪电，威严得很。又离为阴卦，震为阳卦，是阴阳相济，刚柔相交，以喻人要恩威并用，严明结合。

译文

故意给敌方提供方便条件，诱使它盲目地向前，然后切断它一切后援与供应，使它陷于绝境。这是敌方贪图了它不应得的利益而必然遭到的祸患。

计名探源

上屋抽梯，源于一个典故。东汉末年，刘表偏爱少子刘琮，不喜欢长子刘琦。刘琦的后母害怕刘琦得势，影响到亲子刘琮的地位，非常嫉恨他。刘琦感到自己的处境十分危险，多次请教诸葛亮，但诸葛亮一直不肯为他出主意。

有一天，刘琦约诸葛亮到一座高楼上饮酒，等二人正坐下饮酒之时，刘琦暗中派人拆走了楼梯。刘琦说："今日上不至天，下不至地，出君之口，入琦之耳。可以赐教矣！"诸葛亮见状，无可奈何，便给刘琦讲了个故事。

春秋时期，晋献公的妃子骊姬想谋害晋献公的两个儿子：申生和重耳。重耳知道骊姬居心险恶，只得逃亡国外。申生为人厚道，力尽孝心，侍奉父王。一日，申生派人给父王送去一些好吃的东西，骊姬乘机用有毒的食品将太子送来的食品更换了。晋献公哪里知道，准备去吃。骊姬故意说道："这膳食从外面送来，最好让人先尝尝看。"于是命侍从品尝，侍从刚刚尝了一点，便倒地而死。晋献公大怒，大骂申生不孝，阴谋弑父夺位，决定要杀申生。申生闻讯，也不申辩，自刎身亡。

诸葛亮对刘琦说："申生在内而亡，重耳在外而安。"刘琦马上领会了诸葛亮的意图，立即上表请求前往江夏（今湖北武昌西），避开了后母，终于免遭陷害。

刘琦引诱诸葛亮"上屋"，是为了求他指点，"抽梯"，是断其后路，也是为了打消诸葛亮的顾虑。

此计用在军事上，是指利用小利引诱敌人，然后截断敌人之援兵，以便将敌围歼的谋略。这种诱敌之计，自有其高明之处。敌人一般不是那么容易上当的，所以，你应该先给它安放好"梯子"，也就是故意给以方便。等敌人"上楼"，也就是进入已布好的"口袋"之后即可拆掉"梯子"，围歼敌人。

安放梯子，很有学问。对性贪之敌，则以利诱之；对性骄之敌，则以我方之弱以惑之；对莽撞无谋之敌，则设下埋伏以使其中计。总之，要根据情况，巧妙地安放梯子，诱敌中计。

《孙子兵法》中最早出现“去梯”之说。《孙子·九地篇》：“帅兴之期，如登高而去其梯。”这句话的意思是把自己的队伍置于有进无退之地，破釜沉舟，迫使士兵同敌人决一死战。

如果将上面两层意思结合起来运用，真是相当厉害的谋略。

用计案例

战国时，齐人田单用此计，收复齐国。

田单本是齐国的一个管理市场的小官。燕军攻打齐国时，田单带领全族人逃到即墨城。即墨城守城官战死，大家因田单足智多谋，便推举他为将，率众守城抗燕，并伺机反击。

田单为稳定军心、鼓足战斗士气，派人到城外向燕军散布谣言说：“田单最害怕燕人挖掉齐人的祖坟。如若那样，齐人就会全部投降了。”燕军一听，就立即挖掉城外齐人的祖坟，将尸体拖出来放火烧了。守城的齐人看到这种惨状，悲痛欲绝，个个表示与燕军血战到底。类似的策略，田单在此之前已用了几个，都很奏效。

田单看到军兵和百姓士气高涨，认为作战时机已到，便发动士兵修筑工事。修妥之后，他让士兵都隐藏起来，让一些老弱病残登城守卫，而后派使臣出城对燕军说：“齐军马上就投降。”燕军听后很高兴，便放松了防卫。田单收集了几千头耕牛，牛角上绑上了尖刀，身上画上龙纹，将芦苇灌上油，系在牛尾巴上，而后将城墙打开几十个大洞，趁夜黑人静之时，给牛尾巴点上火，将牛一下子从各个城墙洞口中放出去。牛疼痛难忍，像发了疯似的向燕军营中冲去。田单又命几千名精壮士兵跟在牛后面，乘势追击。霎时间，战场成了火牛阵。燕军乱成一团，狼狈而逃。

田单率领齐人将燕军全部赶出齐境，收复了齐国的失地，把齐襄王从莒国接回齐都。

田单先用假象给对方以方便，而后使对方就范，再施计制敌，这就是上屋抽梯之计的精彩运用。

这“上屋”之计，一定要估计好敌我的力量。若引敌“上屋”，自己要备有足够的力量能将其全歼，不然，人家可就是居高临下了。若“上屋”的是自己，这“上屋”只是一种“破釜沉舟”的决心，增加的是勇气，而决定胜负的还要靠实力。

第二十九计 树上开花

借局布势，力小势大。
鸿渐于陆，其羽可用为仪也①。

注释

①鸿渐于陆，其羽可用为仪：语出《易经》渐卦："上九，鸿渐于陆，其羽可用为仪，吉。"渐是卦名，下卦为艮，艮为山；上卦为巽，巽为木。卦象为木植长于山上，不断生长，也喻人培养自己的德行，进而影响他人。渐，即渐进。本卦是说鸿雁来到山头，它的羽毛可用来编织舞具，这是吉利之兆。

译文

借助某种有利的局面，布成对自己有利的阵势，使本来人少力薄的兵力变得声势浩大。这正如《周易》中所说的，鸿雁在天空高飞，排成不同的阵势，全靠它羽毛丰满的双翅助长了它的气势，使它显得雄姿焕发。

计名探源

树上开花，是指树上本来没有开花，但可以用彩色的绸子剪成花朵粘在树上，做得和真花一样，不仔细去看，真假难辨。此计用在军事上，指的是：自己的力量比较小，却可以借友军势力或借某种因素制造假象，使自己的阵营显得强大，也就是说，在战争中要善于借助各种因素来为自己壮大声势。

用计案例一

刘备起兵之初，与曹操交战，多次失利。刘表死后，刘备在荆州，势孤力弱。这时，曹操领兵南下，直达宛城。刘备慌忙率荆州军民退守江陵。由于老百姓跟着撤退的人太多，撤退的速度非常慢。曹兵追到当阳，与刘备的部队打了一仗，刘备败退，他的妻子和儿子都在乱军中被冲散了。刘备只得狼狈败退，令张飞断后，阻截追兵。

张飞只有二三十个骑兵，怎敌得过曹操的大队人马。那张飞临危不惧，临阵不慌，心生一计。他命令所率的二三十名骑兵都到树林子里去，砍下树枝，绑在马后，然后骑马在林中飞跑打转。张飞一人骑着黑马，横着丈八长矛，威风凛凛地站在长坂坡的桥上。

追兵赶到，见张飞独自骑马横矛站在桥上，好生奇怪，又看见桥东树林里尘土飞扬，马上停止前进，以为树林之中定有伏兵。

张飞只带二三十名骑兵，阻止住了追击的曹兵，让刘备和荆州军民顺利撤退，靠的就是这“树上开花”一计。

用计案例二

树上开花，作为一种军事上的计略，是指制造假象，乱敌方耳目，虚张声势，以取得最终胜利。

汉朝时，匈奴大举入侵雁门、上郡。汉景帝命飞将军李广率军御敌。

一天，李广部下发现有三个匈奴人很像探子，便立即跃马去追。三个匈奴人转身放箭，杀伤几十名李广的骑兵。李广闻讯，断定是匈奴射雕的猎户，便带百余骑兵去追。结果杀死二人，活捉一人。

李广正要回营，发现远处奔来数千匈奴骑兵。匈奴骑兵也发现了李广率领的一支骑兵，以为是汉军的诱兵，便摆出阵势，准备交战。李广的部下们深知匈奴骑兵厉害，遂拍马欲退。李广连忙制止，说："我们远离主力军，如果撤退，匈奴必定追杀我们。现在唯一的办法是留下来。这样，匈奴就会以为汉军在附近有伏兵，不敢贸然进攻。"

于是，李广命骑兵继续前行，直到离匈奴数千骑二里路的地方时才停住，然后全部下马解鞍，以迷惑敌方。匈奴骑兵摸不清李广的用意，不敢轻易出击。李广又让骑兵卸下马鞍，将马放了，去吃草，所有的人全部躺在地上休息。这样，一直到傍晚。

匈奴骑兵也摸不清李广的虚实，一直不敢出击。待到半夜，匈奴军担心汉军伏兵的袭击，便迅速撤离。李广率骑兵安全返回营地。

使用此计，自己心中要切记这花是假的，耐不得看，只是虚晃一下而已，仅在危急关头用一下，要见好就收。若自己把这假花当真花来欣赏，那结果就惨了。

第三十计 反客为主

乘隙插足，扼其主机[①]，渐之进也[②]。

注释

①扼其主机：掌握他的要害关节之处。

②渐之进也：语出《易经》渐卦。

其彖辞说："渐之进也。"就是渐进的意思。

译文

与盟友在一起，趁着对方的空隙，插足其中，控制其要害部门，要善于循序渐进。

计名探源

此计名的内容在《李卫公问对》及《孙子兵法》中都有过论述，在小说《三国演义》中也用过。

反客为主，用在军事上，是指在战争中，要努力变被动为主动，尽量想办法钻友军的空子，插脚进去，控制它的首脑机关或者要害部门，抓住有利时机，兼并或者控制友军。古人使用本计，往往是借援助盟军的机会，自己先站稳脚跟，然后步步为营，想方设法取而代之。

用计案例一

袁绍和韩馥，以前是一对盟友，当年曾经共同讨伐过董卓。

后来，袁绍势力渐渐强大，总想不断扩张。他屯兵河内，缺少粮草，十分犯愁。老友韩馥知道情况之后，主动派人送去粮草，帮袁绍解决了供应困难。

袁绍觉得等待别人送粮草，不能够解决根本问题。他听了谋士逢纪的劝告，决定夺取粮仓冀州，而当时的冀州牧正是老友韩馥。袁绍也顾不了那么多了，马上下手，实施他的锦囊妙计。

他首先给公孙瓒写了一封信，建议与他一起攻打冀州。公孙瓒早就想找个借口攻占冀州，听了这个建议，正中下怀。他立即下令，准备发兵。

袁绍又暗地派人去见韩馥，说："公孙瓒和袁绍联合攻打冀州，冀州难以自保。袁绍过去不是你的老朋友吗？最近你不是还给他送过粮草吗？你何不联合袁绍对付公孙瓒呢，让袁绍进城，冀州不就保住了吗？"

韩馥于是邀请袁绍带兵进入冀州。这位请来的客人，表面上尊重韩馥，实际上他逐渐将自己的部下一个一个似钉子扎进了冀州的要害部门。这时，韩馥清楚地知道，他这个"主"已被"客"取而代之了。为了保全性命，他只得只身逃出冀州另觅他途。

用计案例二

《水浒传》中林冲火并白衣秀士王伦，使的也是反客为主之计。晁盖、吴用等英雄好汉投奔梁山，而梁山寨主王伦心地狭窄，担心众豪杰会危及自己的寨主地位。智多星吴用早已料到会这样，并看出林冲对王伦极为不满，于是，与晁盖等人定计，唆使林冲火并王伦。林冲再三请求王伦留下众兄弟，王伦却笑里藏刀，不予相容。众好汉假意相劝，林冲骂得性起，顺势杀了王伦，随即提议让晁盖做梁山寨主。

在别人家里，受驱使的是奴仆，受尊敬和欢迎的是客人，因此使用此计，必要先使自己有个客人的身份，然后趁隙插手其家庭事务，直至控制其整个家庭。这是个循序渐进的过程。在这过程中，还要切记笼络住这个家庭中的部分成员。不然，全家反你，你这个客也就住不下去了。

第六套

败战计

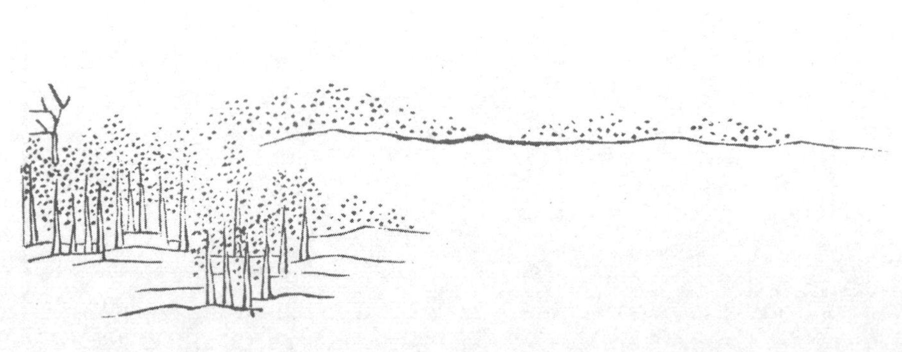

第三十一计 美人计

兵强者，攻其将[①]；将智者，伐其情[②]。
将弱兵颓，其势自萎[③]。利用御寇，顺相保也[④]。

注释

①兵将者，攻其将：如果敌人的兵很强大，就最好算计它的将。

②将智者，伐其情：如果敌人的将很明智，那就从情绪上挫败他。

③将弱兵颓，其势自萎：将军虚弱，士兵颓废，敌人的势力也就衰败了。

④利用御寇，顺相保也：语出《易经》渐卦："九三，鸿渐于陆。夫征不复，妇孕不育，凶。利御寇。"其象辞说："利御寇，顺相保也。"是说利于抵御敌人，顺利地保卫自己。

译文

面对兵力强大的敌人，首先要攻击它的将帅；与足智多谋的人作战，就要打击他的情绪。将帅的斗志衰弱了，士兵的战斗力也就下降了，敌军的势力会自行萎缩。就像《周易》渐卦所说的那样，利用敌人的弱点来抵御敌人，就可以顺利地保护自己。

计名探源

美人计，语出《六韬·文伐》：“养其乱臣以迷之，进美女淫声以惑之。”意思是，对于用军事行动难以征服的敌方，要使用“糖衣炮弹”，先从思想意志上打败敌方的将帅，使其内部丧失战斗力，然后再行攻取。就像本计正文所说，对兵力强大的敌人，要制服它的将帅；对于足智多谋的将帅，要设法去腐蚀他。将帅斗志衰退，部队肯定士气消沉，也就失去了作战能力。利用多种手段，攻其弱点，己方就能得以保存实力，由弱变强。

用计案例一

前面曾讲到春秋时吴越之战，勾践先败于夫差。吴王夫差罚勾践夫妇在吴王宫里服劳役，借以羞辱他。越王勾践在吴王夫差面前卑躬屈膝，百般逢迎，骗取了夫差的信任，终于被放回到越国。后来越国趁火打劫，终于消灭了吴国，逼得夫差拔剑自刎。

那所趁之“火”是怎样烧起来的呢？原来勾践成功地使用了“美人计”。勾践被释回越国之后，卧薪尝胆，不忘雪耻。吴国强大，靠武力，越国不能取胜。越大夫文种向越王献上一计：“高飞之鸟，死于美食；深泉之鱼，死于芳饵。要想复国雪耻，应投其所好，衰其斗志，这样，可置夫差于死地。”于是勾践挑选了两名绝代佳人——西施、郑旦，送给夫差，并年年向吴王进献珍奇珠宝。夫差认为勾践已经臣服，所以一点也不加怀疑。夫差整日与美人饮酒作乐，连大臣伍子胥的劝谏也完全听不进去。后来，吴国进攻齐国，勾践还出兵帮助吴王伐齐，借以表示忠心，麻痹夫差。吴国胜利之后，勾践还亲自到吴国祝贺。

夫差贪恋女色，一天比一天厉害，根本不想过问政事。伍子胥力谏无效，反被逼自尽。勾践看在眼里，喜在心中。公元前 482 年，勾践乘夫差北上会盟之时，突出奇兵伐吴。公元前 473 年，吴国终于被越所灭，夫差也只能一死了之。

用计案例二

清末，袁世凯称帝时，为稳住北洋军阀要员冯国璋，将袁家貌美未婚的家庭教师送给冯国璋。袁世凯敏锐地感觉到冯国璋对他的称帝之举是反对的，故而施出美人计，在冯国璋身边安插上一位间谍夫人，既可让冯欢心陶醉，又便于及时掌握冯的活动。这位间谍夫人确实很尽职，通过婢女将冯国璋与各方的往来电报及一切不利于帝制的言行统统传给了袁世凯。

自古将女人比作红颜祸水，其实冤枉，这“美人计”中的美人，已被当作刀枪弓箭一般的武器工具来使用了，何曾把她当作一个人来看待？真正的祸不在红颜，而在一“贪”字上，贪色、贪财、贪杯，这美人计正是射中了这一“贪”字，打中了要害，才使其亡家灭国。实施此计，定要了解对方，才能大功告成。

第三十二计 空城计

虚者虚之[①]，疑中生疑；刚柔之际[②]，奇而复奇。

注释

①虚者虚之：本身虚弱的，就让他表现出虚弱之状，这比虚则实之又转了一层。

②刚柔之际：语出《易经》解卦。其彖辞说："刚柔之际，义无咎也。"解是卦名，下卦为坎，坎为雨；上卦为震，震为雷。雷雨交加，荡涤宇内，万象更新，万物萌生，故卦名为解。解，险难解除，物情舒缓。彖辞即是说：使刚与柔相互交会，没有灾难。

译文

自己本来兵力空虚，又故意把更加空虚的样子显示给敌人看。敌方不知底细，在这不可思议的景象面前，更加疑惑不清，而不敢贸然向前。正像《周易》中说的，在敌我力量悬殊的时刻，采用此计，会产生奇之又奇的功效。

计名探源

空城计，是一种心理战术。在己方无力守城的情况下，故意向敌人暴露我城内空虚，即所谓的“虚者虚之”。敌方产生怀疑，便会犹豫不前，即所谓的“疑中生疑”。敌人怕城内有埋伏，不敢陷进埋伏圈内。但这是悬而又悬的“险策”。

使用此计的关键，是要清楚地了解并掌握敌方将帅的心理状况和性格特征。诸葛亮使用空城计解围，就是他充分地了解司马懿谨慎多疑的性格特点才敢出此险策。

用计案例一

诸葛亮的空城计名闻天下，其实，早在春秋时期，就出现过用空城计的出色战例。

春秋时期，楚国的令尹（宰相）公子元，在他哥哥楚文王死了之后，非常想占有漂亮的嫂子文夫人。他用各种方法去讨好，文夫人却无动于衷。于是他想建立功业，显显自己的能耐，以此讨得文夫人的欢心。

公元前666年，公子元亲率兵车六百乘，浩浩荡荡，攻打郑国。楚国大军一路连下几城，直逼郑国国都。郑国国力较弱，都城内更是兵力空虚，无法抵挡楚军的进犯。

郑国危在旦夕，群臣慌乱，有的主张纳款请和，有的主张决一死战，有的主张固守待援。这几种主张都难解除危局。上卿叔詹说：“请和与决战都非上策。固守待援，倒是可取的方案。郑国和齐国订有盟约，而今有难，齐国会出兵相助。只是空谈固守，恐怕也难守住。公子元伐郑，实际上是想邀功图名，讨好文夫人。他一定急于求成，又特别害怕失败。我有一计，可退楚军。”

郑国按叔詹的计策，在城内作了安排。命令士兵全部埋伏起来，不让敌人看见一兵一卒。令店铺照常开门，百姓往来如常，不准露一丝慌乱之色。大开城门，放下吊桥，摆出完全不设防的样子。

楚军先锋到达郑国都城城下，见此情景，心里起了怀疑：莫非城中有了埋伏，诱我中计？不敢妄动，等待公子元。公子元赶到城下，也觉得好生奇怪。他率众将到城外高地瞭望，见城中确实空虚，但又隐隐约约看到了郑国的旌旗甲士。公子元认为其中有诈，不可贸然进攻，决定先派人进城探听虚实，于是按兵不动。

这时，齐国接到郑国的求援信，已联合鲁宋两国发兵救郑。公子元闻报，知道三国兵到，楚军定不能胜。好在也打了几个胜仗，还是赶快撤退为妙。他害怕撤退时郑国军队会出城追击，于是下令全军连夜撤走，人衔枚，马裹蹄，不出一点声响。所有营寨都不拆走，旌旗照旧飘扬。

第二天清晨，叔詹登城一望，说道："楚军已经撤走。"

众人见敌营旌旗招展，不信敌人已经撤军。

叔詹说："如果营中有人，怎会有那样多的飞鸟盘旋上下呢？他也用空城计欺骗了我，急忙撤兵了。"

这就是中国历史上首次使用空城计的战例。

能使用此计者，必得心细如丝，胆大包天。空城要扮得似空非空，才能使对方疑惑犹豫。而主将则要临危不惧，两者不可缺一，若让人看出破绽，则死定了。这一险招使用，要慎之又慎。

用计案例二

诸葛亮听说马谡战败，街亭失守之后，甚觉情况异常紧急，只好安排临近街亭的西城兵马撤军，以保存实力。诸葛亮安排几个老弱残兵于西城外洒扫，全部换上百姓的衣服，并令全城偃旗息鼓，城门大开。诸葛亮端坐于城楼上，安然无事地抚琴，且一副微笑的面孔。

司马懿由街亭得胜转攻西城，一见诸葛亮稳坐城楼，琴声不乱，不见百姓，城门大开，不免心中生疑。他深知诸葛亮用兵谨慎，断定城内必设了埋伏，立即传令后军作前军，前军作后军，向北山撤退。

事实上，司马懿中了诸葛亮的空城计。诸葛亮见司马懿撤兵而去，抚掌大笑。众军士十分不解，诸葛亮说明了原因，并说这是“不得已而用之”。

第三十三计 反间计

疑中之疑。比之自内，不自失也[①]。

注释

①比之自内，不自失也：语出《易经》比卦。其象辞说："比之自内，不自失也。"比是卦名，下卦为坤，坤为地；上卦为坎，坎为水，地水相依相赖，故名"比"。

译文

在敌人怀疑的情况下再布个疑阵，利用好敌方派来的间谍为我服务，使自己不受损失，争取得到胜利。

计名探源

反间计是指在疑阵中再布疑阵，使敌内部的人归附于我，我方就可万无一失。也就是巧妙地利用敌人的间谍反过来为我所用。

在战争中，双方使用间谍，是十分常见的。《孙子兵法》就特别强调间谍的作用，认为将帅打仗必须事先了解敌方的情况。要准确掌握敌方的情况，不可靠鬼神，不可靠经验，"必取于人，知敌之情者也"。这里的"人"，就是间谍。

《孙子兵法》专门有一篇《用间篇》，指出有五种间谍。利用敌方乡里的普通人做间谍，叫因间；收买敌方官吏做间谍，叫内间；收买或利用敌方派来的间谍为我所用，叫反间；故意制造和泄露假情况给敌方的间谍，叫死间；派人去敌方侦察，再回来报告情况，叫生间。

唐代杜牧对反间计解释得特别清楚，他说："敌有间来窥我，我必先知之，或厚赂诱之，反为我用；或佯为不觉，示以伪情而纵之，则敌人之间，反为我用也。"

用计案例一

三国时期，赤壁大战前夕，周瑜巧用反间计杀了精通水战的叛将蔡瑁、张允，就是个有名的例子。

曹操率领号称的八十三万大军，准备渡过长江，占据南方。当时，孙刘联合抗曹，但兵力比曹军要少得多。

曹操的队伍都由北方士兵组成，善于陆战，却不善于水战。正好有两个精通水战的降将蔡瑁、张允可以为曹操训练水军。曹操把这两个人当作宝贝，优待有加。

一次东吴主帅周瑜见对岸曹军在水中摆阵，井井有条，十分在行，心中大惊。他想一定要除掉这两个心腹大患。

曹操一贯爱才，他知道周瑜年轻有为，是个军事奇才，很想拉拢他。曹营谋士蒋干自称与周瑜曾是同窗好友，愿意过江劝降。曹操当即让蒋干过江说服周瑜。

周瑜见蒋干过江，一个反间计就已经酝酿成熟了。他热情地款待蒋干，酒筵上，周瑜让众将作陪，炫耀武力，并规定只叙友情，不谈军事，堵住了蒋干的嘴巴。

周瑜佯装大醉，约蒋干同床共眠。蒋干见周瑜不让他提及劝降之事，心中不安，哪里能够入睡。他偷偷下床，见周瑜案上有一封信。他偷看了信，原来是蔡瑁、张允写来，约定与周瑜里应外合，击败曹操。这时，周瑜说着梦话，翻了翻身子，吓得蒋干连忙上床。

过了一会儿，忽然有人要见周瑜，周瑜起身和来人谈话，还故意看看蒋干是否睡熟。蒋干装作沉睡的样子，只听周瑜他们小声谈话，听不清楚，只听见提到蔡张二人。于是蒋干对蔡张二人和周瑜里应外合的计划确认无疑。

他连夜赶回曹营，让曹操看了周瑜伪造的信件，曹操顿时火起，杀了蔡瑁张允。等曹操冷静下来，才知中了周瑜的反间之计，但也无可奈何了。

用计案例二

春秋时期，郑桓公用反间计，成功地灭掉郐国，扩大了国土。

郑桓公秘密派人到郐国了解情况，并列出主要文臣武将的名单，而后在都城外高筑祭坛，公开了这份名单。他杀鸡宰牛，在隆重的仪式上宣布，一旦攻下郐国，名单上这些文臣武将会得到高官高爵。

郐国国君得悉这件事，感到分外吃惊。吃惊之余，他怀疑自己的臣下确有叛国投敌之心，遂将主要文臣武将抓起来杀掉了。郐国国君的愚蠢做法造成国内的一片混乱。郑桓公抓住时机，乘虚而入，一举灭掉了郐国。

反间计是利用了对方内部的人事矛盾，使他们内部先争斗起来，先来个窝里斗。有时没有矛盾，就需要先去制造些矛盾，这样才便于实施此计。

第三十四计 苦肉计

人不自害[①]，受害必真[②]；假真真假，间以得行[③]。童蒙之吉，顺以巽也[③]。

注释

①人不自害：人不会自己损害自己。

②受害必真：人若受害必是真的为他人所害。

③间以得行：杂错而得以行使其效用。

④童蒙之吉，顺以巽也：语出《易经》蒙卦（卦名解释见第十四计注）。其六五彖辞说："童蒙之吉，顺以巽也。"本意是说幼稚蒙昧之人所以吉利，是因为柔顺服从。

译文

人一般不会自我伤害，受到了伤害，别人一定会认为是被人所害。如果能假戏真做，使敌方信以为真，离间计就可实施了。这正如《周易》蒙卦中所说的，不懂事的孩子单纯幼稚，顺他的意思逗他玩，就会把他骗得乖乖的。

计名探源

人们都不愿意伤害自己，如果说被别人伤害，这肯定是真的。己方如果以假当真，敌方肯定信而不疑。这样才能使苦肉之计得以成功。此计其实是一种特殊的离间计。运用此计，“自害”是真，“他害”是假，以真乱假。己方要造成内部矛盾激化的假象，再派人装作受到迫害的样子，借机钻到敌人心脏中去进行间谍活动。

用计案例

春秋时期，吴王阖闾杀了吴王僚，夺得王位。他十分惧怕吴王僚的儿子庆忌为父报仇。庆忌正在卫国扩大势力，准备攻打吴国，夺取王位。

阖闾整日提心吊胆，要大臣伍子胥替他设法除掉庆忌。

伍子胥向阖闾推荐了一个智勇双全的勇士，名叫要离。

阖闾见要离矮小瘦弱，说道：“庆忌人高马大，勇力过人，如何杀得了他？”

要离说：“刺杀庆忌，要靠智不靠力。只要能接近他，事情就好办。”

阖闾说：“庆忌对吴国防范最严，怎么能够接近他呢？”

要离说：“只要大王砍断我的右臂，杀掉我的妻子，我就能取信于庆忌。”阖闾不肯答应。

要离说：“为国亡家，为主残身，我心甘情愿。”

吴都忽然流言四起：阖闾弑君篡位，是无道昏君。吴王下令追查，原来流言是要离散布的。阖闾下令捉了要离和他的妻子，要离当面大骂昏君。阖闾假借追查同谋，未杀要离，只是斩断了他的右臂，把他夫妻二人关进监狱。

几天后，伍子胥让狱卒放松看管，让要离乘机逃出。

阖闾听说要离逃跑了，就杀了他的妻子。

这件事不仅传遍吴国，连邻近的国家也都知道了。

要离逃到卫国，求见庆忌，要求庆忌为他报断臂杀妻之仇，庆忌接纳了他。

要离果然接近了庆忌，他劝说庆忌伐吴。要离成了庆忌的贴身亲信。庆忌乘船向吴国进发，要离乘庆忌没有防备，从背后用矛尽力刺去，刺穿了其胸膛。

庆忌的卫士要捉拿要离，庆忌说："敢杀我的也是个勇士，放他走吧！"

庆忌最后因失血过多而死。

要离完成了刺杀庆忌的任务，家毁身残，也自刎而死。

这是以个人牺牲换取全局的胜利。

第三十五计 连环计

将多兵众[①]，不可以敌，使其自累，以杀其势。在师中吉，承天宠也[②]。

注释

①将多兵众：敌方将军和士兵都很多。

②在师中吉，承天宠也：语出《易经》师卦（卦名解释见前第二十六计注）。本卦九二彖辞说：“在师中吉，承天宠也。”这是说主帅身在军中指挥，吉利，因为得到上天的宠爱。

译文

敌人兵力强大时，就不能和它硬拼，要运用计谋，使其内部自相牵制，以削弱它的力量。正像《周易》师卦中所说的，主帅若能运用好此计，就像有了天神护佑一样，一定能取胜。

计名探源

“连环计”在《兵法圆机·迭》中就有过论述，后来在元曲和《三国演义》中也多次运用此语。

连环计，指多计并用，计计相连，环环相扣，一计累敌，一计攻敌，任何强敌，无攻不破。

此计关键是要使敌人“自累”，也就是指自己害自己，使其行动盲目。这样，就为围歼敌人创造了良好的条件。

用计案例

赤壁大战时，周瑜巧用反间计，让曹操误杀了熟悉水战的蔡瑁张允，又让庞统向曹操献上锁船之计，又用苦肉计让黄盖诈降。三计连环，打得曹操大败而逃。

在《反间计》那一章里，我们讲了周瑜让曹操误杀蔡张二将之事，曹操后悔莫及，更要命的是曹营再也没有熟悉水战的将领了。

东吴老将黄盖见曹操水寨船只一条挨一条，又无得力之人指挥，建议周瑜用火攻曹军。并主动提出，自己愿去诈降，趁曹操不备，放火烧船。周瑜说：“此计甚好，只是将军去诈降，曹贼肯定生疑。”黄盖说：“何不使用苦肉计？”周瑜说：“那样，将军会吃大苦。”黄盖说：“为了击败曹贼，我甘愿受苦。”

第二日，周瑜与众将在营中议事。黄盖当众顶撞周瑜，骂周瑜不识时务，并极力主张投降曹操。周瑜大怒，下令将黄盖推出斩首。众将苦苦求情：“老将军功劳卓著，请免一死。”

周瑜说：“死罪既免，活罪难逃。”命令重打一百军棍，打得黄盖鲜血淋漓。

黄盖私下派人送信给曹操，信中大骂周瑜，表示一定会寻找机会前来降曹。曹操派人打听，黄盖确实受刑，正在养伤。他将信将疑，于是，派蒋干再次过江察看虚实。

周瑜这次见了蒋干，指责他盗书逃跑，坏了东吴的大事。周瑜说：“莫怪我不念旧情，先请你住到西山，等我大破曹军之后再说。”把蒋干给软禁起来了。其实，周瑜想再次利用这个过于自作聪明的呆子，所以名为软禁，实际上又在诱他上钩。

一日，蒋干心中烦闷，在山间闲逛。忽然听到从一间茅屋中传出琅琅书声。蒋干进屋一看，见一隐士正在读兵法。攀谈之后，知道此人是名士庞统。他说，周瑜年轻自负，难以容人，所以隐居在山里。蒋干果然又自作聪明，劝庞统投奔曹操，夸耀曹操最重视人才，先生此去，定得重用。庞统应允，并偷偷把蒋干引到江边僻静处，坐一小船，悄悄驶向曹营。

蒋干哪里会想到又中周瑜一计！原来庞统早与周瑜谋划好了，故意向曹操献锁船之计，让周瑜火攻之计更显神效。

曹操得了庞统，十分欢喜，言谈之中，很佩服庞统的学问。他们巡视了各营寨，曹操请庞统提提意见。庞统说："北方兵士不习水战，在风浪中颠簸，肯定受不了，怎能与周瑜决战？"曹操问："先生有何妙计？"庞统说："曹军兵多船众，数倍于东吴，不愁不胜。为了克服北方兵士的弱点，何不将船只连起来，平平稳稳，如在陆地之上。"曹操果然依计而行，将士们都十分满意。

一日，黄盖在快舰上载满油、柴、硫、硝等引火物资，遮得严严实实。他们按事先与曹操联系的信号，插上青牙旗，飞速渡江诈降。这日刮起东南风，正是周瑜他们选定的好日子。曹营官兵，见是黄盖投降的船只，并不防备。忽然间，黄盖的船上火势熊熊，直冲曹营。风助火势，火乘风威，曹营水寨的大船一条连着一条，想分也分不开，一齐着火，越烧越旺。周瑜早已准备好快船，驶向曹营，只杀得曹操数十万人马一败涂地。曹操本人仓皇逃奔，捡了一条性命。

此计中"连"字十分重要，要环环相扣，紧紧相连，任何一个环节都不可出错。因此，事前设计非常重要，只有作好充分准备，才能有最大的胜利。

第三十六计　走为上计

全师避敌[1]。左次无咎，未失常也[2]。

注释

①全：保全。

②左次无咎，未失常也：语出《易经》师卦（卦名解释见前二十六计注）。本卦六四象辞说："左次无咎，未失常也。"这是说军队在左边扎营，并没有违背行军之道。

译文

为了保全自己，实行全军撤退，避开强敌的锋芒，这种做法并没有错，因为它不违背正常的用兵原则。

计名探源

走为上，指在敌我力量悬殊的不利形势下，采取有计划的主动撤退，避开强敌，寻找战机，以退为进。这在谋略中也应是上策。

这句话，出自《南齐书·王敬则传》："檀公三十六策，走为上计。"其实，我国战争史上，早就有"走为上计"运用得十分精彩的例子。

用计案例一

春秋初期，楚国日益强盛，让楚将子玉率师攻晋。楚国还胁迫陈、蔡、郑、许四个小国出兵，配合楚军作战。此时晋文公刚攻下依附于楚国的曹国，深知晋楚之战迟早不可避免。

子玉率部浩浩荡荡向曹国进发。晋文公闻讯，分析了形势，他对这次战争的胜利没有把握，楚强晋弱。楚来势汹汹，他决定暂时后退，避其锋芒，于是对外假意说道："当年我被迫逃亡，楚国先君对我以礼相待。我曾与他有约定，将来如我返回晋国，愿意两国修好。如果迫不得已，两国交兵，我定先退避三舍。现在，子玉伐我，我当实践诺言，先退三舍（古时一舍为三十里）。"

他撤退九十里，既临黄河，又靠着太行山，相信足以御敌。事先他又派人前往秦国和齐国求助。

子玉率部追到城濮，晋文公早已严阵以待。晋文公已探知楚国左、中、右三军，以右军最薄弱。右军前头为陈蔡士兵，他们本是被胁迫而来，并无斗志。子玉命令左右军先进，中军继之。楚右军直扑晋军，晋军忽然撤退，陈蔡军的将官以为晋军惧怕逃跑，就紧追不舍。忽然晋军中杀出一支军队，驾车的马都蒙着老虎皮。陈蔡军的战马以为是真虎，吓得乱蹦乱跳，转头就跑，骑兵哪里控制得住。楚右军大败。

晋文公派士兵假扮陈蔡军士，向子玉报捷："右师已胜，元帅赶快进兵。"子玉登车一望，晋军后方烟尘蔽天，他大笑道："晋军不堪一击。"其实，这是晋军的诱敌之计，他们在马后绑上树枝，来往奔跑，故意弄得烟尘蔽日，制造假象。子玉急命左军并力前进。晋军上军故意打着帅旗往后撤退。楚左军又陷于晋军伏击圈内，遭到歼灭。等子玉率中军赶到，晋军三军合力，已把子玉团团围住。

子玉这才发现，右军左军都已被歼，自己已陷重围，急令突围。虽然他在猛将成大心的护卫下，逃得性命，但部队伤亡惨重，只得悻悻回国。

这个故事中晋文公的几次撤退，都不是消极逃跑，而是主动退却，寻找或制造战机。所以，有时“走”是上策。

用计案例二

走为上，在军事活动中，是指处于绝对劣势或危险境地时，逃走是最为上等的明智之策。这样，可避免被敌方活捉束手待毙的惨境。

蔡锷将军是云南督军，年轻且足智多谋。袁世凯将他骗到北京，让他负责全国土地丈量。实际上，袁世凯使的是调虎离山计，借此将蔡锷控制在自己身边。蔡锷名为督办，实际是遭软禁。他深知自己处境之危险，但表面还假装赞成袁世凯称帝，将老母亲和妻女接到北京。

他的老师梁启超准备发表反袁的文章，他还代表袁世凯带二十万支票去天津劝说。劝说不成，他又回复袁世凯，以表忠诚。

同时，他故意制造家庭闹剧，与妻女密商苦肉计，当着袁世凯亲信的面，借酒殴打妻子，气得其母连夜带着儿媳回原籍湖南去了。他又公开与名妓小凤仙出双入对。

时隔不久，蔡锷病了，赴天津就医。袁世凯忙于登基，无暇顾及蔡锷的事。在朋友的安排下，蔡锷几经周折转道日本长崎，又由日本转回云南。即使蔡锷人已回到云南，可仍从日本定期发回明信片，以示蔡锷仍在日本。

袁世凯称帝后，蔡锷与梁启超同时打起讨袁的大旗。袁世凯只做了八十三天的皇帝，便下台了。蔡锷当初智逃北京，使的正是三十六计中的最后一计——走为上计。

这种走，不是被动的败走，而是主动的撤走。这时稳定军心十分重要，要走得不慌不乱，不然，溃军难收。

图书在版编目（CIP）数据

三十六计译注 / 文轩译注. —北京：北京联合出版公司，2015.7（2023.8重印）
ISBN 978-7-5502-4139-8

Ⅰ.①三… Ⅱ.①文… Ⅲ.①兵法－中国－古代②《三十六计》－译文③《三十六计》－注释 Ⅳ.①E892.2

中国版本图书馆CIP数据核字（2015）第144080号

三十六计译注

译　　注：文　轩
出 品 人：赵红仕
选题策划：梁明德　邵鹏军
责任编辑：王　巍
特约编辑：肖　瑶
封面设计：格林文化
版式设计：格林文化

北京联合出版公司出版
（北京市西城区德外大街83号楼9层　100088）
三河市延风印装有限公司　新华书店经销
字数90千字　960毫米×640毫米　1/16　印张8
2015年9月第1版　2023年8月第3次印刷
ISBN 978-7-5502-4139-8
定价：23.00元